흡혈귀가
지배하는 세상
-대학

흡혈귀가
지배하는 세상
대학

이희진 지음

책미래

흡혈귀가 지배하는 세상 - 대학

1판 1쇄 인쇄 | 2014년 7월 11일
1판 1쇄 발행 | 2014년 7월 17일

지은이 | 이희진
주 간 | 정재승
교 정 | 홍영숙
디자인 | 배경태
펴낸이 | 배규호
펴낸곳 | 책미래

출판등록 | 제2010-000289호
주 소 | 서울시 마포구 공덕동 463 현대하이엘 1728호
전 화 | 02-3471-8080
팩 스 | 02-6353-2383
이메일 | liveblue@hanmail.net

ISBN 979-11-85134-12-3 03370

국립중앙도서관 출판시도서목록(CIP)

흡혈귀가 지배하는 세상 : 대학 / 지은이: 이희진. --
서울 : 책미래, 2014
    p. ;   cm

ISBN 979-11-85134-12-3 03370 : ₩14000

대학(학교)[大學]
대학 교육[大學教育]

377.004-KDC5
378-DDC21   CIP2014019934

들어가면서

대한민국 '교육 현실'이라는 말이 나오면 교육계에 몸담고 있는 사람이 아니라도 대부분 한숨부터 나올 것이다. 그럴 만큼 대한민국 국민 대부분에게 교육 현장이 엉망으로 돌아가고 있다는 점은 분명하게 느껴지는 사실이다. 외국으로 이민 가고 싶어 하는 이유 중, 2/3 이상이 아이들 교육 문제 때문이라는 통계도 새삼스러울 뿐이다.

어떤 사람이 방송에서 거품 무는 것을 본 적이 있다. "대한민국 교육 현실 암울한 게 사실이다. 하지만 많은 사람들이 이 상황을 개선하려 노력하고 있다. 조금만 더 기다리면 나아질 것이다." 코웃음밖에 안 나온다.

지금 교육 현실이 암울하다는 점보다 더 기가 막힐 일은 이런 현실이 전혀 나아질 기미가 보이지 않는다는 점이다. 내막을 알고 보면 그럴 수밖에 없다. 더 나빠지면 나빠졌지, 나아질 수가 없는 구조인 것이다.

어쩌다 이렇게 되었을까? 이 역시 대부분의 사람들이 내뱉는 한탄이다. 이러한 현실을 두고 지금까지 많은 교육 전문가들이 걱정해 왔다. 그들의 한탄 시리즈는 이미 많이 알려져 있다. 덕분에 많은 사람들이 대한민국 교육의 문제점은 파악될 만큼 파악되었다고 생각한다. 그래서 지금의 문제점 정도는 '아줌마들까지도 전문가 수준'이라는 말까지 나온다.

과연 그럴까? 이런 인식에는 심각한 맹점이 있다. 먼저 대한민국의 교육 문제에 관심을 갖는 대부분의 사람들은 학부모의 입장에 서 있다는 점을 감안해야 한다. 그들의 우선적인 관심사는 자기 아이의 장래에 뭐가 도움이 되느냐는 점에 집중되는 경향이 있다.

그러다 보면 근본적으로 무엇 때문에 자기 아이가 고생하고 있고, 뭘 해 주어야 하느냐는 점은 잘 파악하게 되지만, 뭐가 잘못되어 이 모양이 되었느냐는 점에 대해서는 관심을 갖기가 어렵다. 사실 교육 문제를 해결하자는 뜻은 학생 하나하나가 맞닥뜨리는 문제가 아니라 전체 구조가 가지고 있는 문제점을 해결하자는 뜻이다. 이런 측면에서는 자기 자식의 문제에 집착하는 관심은 별 도움이 되지 않는다.

당장 피해를 보는 당사자들보다 이른바 '교육 전문가'들의 말에 귀를 더 기울였던 이유도 여기에 있다. 사정을 잘 안다는 점에서는 별 차이가 나지 않을지는 몰라도, 국가사회에는 전체 구조를 보고 해결책을 찾아야 한다는 발상이 작용했던 것이다.

그런데 여기에 더 큰 문제가 있었다. 보통 전문가라고 하면 점잖은 사람들을 떠올린다. 그러니 자기 자식 잘되는 것 이외에는 안중에도 없는 사람들보다 교육 현실 개선에 훨씬 더 큰 노력을 기울일 것이라고 생각하는 경향이 있다. 이것이 착각이다.

전문가라는 사람들 역시 그들 나름의 이익을 찾기 위해 움직일 수 있다. 노골적으로 말하자면 전문가라는 사람들 역시 갈 데까지 간 교육 현실을 걱정했다기보다 걱정하는 척했다는 편이 좀 더 사실에 가까울 것 같다. 교육 현장에 20년가량 몸담고 있던 필자의 경험으로는 분명히 그렇다. 진심으로 대한민국 교육을 걱정한다면 도저히 할 수 없는 일들이 아무렇지도 않게 벌어지고 있었던 점을 보아서는 확신할 수 있다.

이들은 단순히 자기 자식 걱정이 앞서 코앞의 대책이나 요구하는 학부모들보다 더 위험하다. 어떤 분야나 대개 그렇듯이, 복잡한 속사정은 그 분야 밖에 있는 사람들은 잘 모른다. 교육 문제를 쥐고 흔드는 사람들은 지식인이다. 이른바 '먹물통'이라고 불리는 집단이다. 자신들이 저지른 일을 이리저리 끼워 맞추어 정당화시키는 데는 귀신 뺨친다. 그만큼 내막을 모르는 사람들이 속기가 더 쉬운 것이다.

그러니 속사정이 제대로 알려지기가 어렵다. 이런 경향 때문에 속사정도 모르는 소리가 마치 사건의 진상처럼 알려지는 경우도 많았다. 제대로 된 대책이 나오기 어려운 이유가 여기에 있다.

몇 년 전 일어났던 어느 시간강사의 자살사건만 해도 그렇다. 시간강사 한 사람이 "썩었다. 수사해 달라"라는 유서를 남기고 자살한 사건 덕분에 한동안 교육계 비리를 척결해야 한다고 떠들썩했었다. 경찰에서도 "철저하게 수사하겠다"라고 공언한 것으로 기억한다.

그런데 지금 어떻게 되었나? 사실 내막을 아는 사람은 처음부터 기대도 하지 않았다. 경찰이 할 수 있는 것이 처음부터 한계가 있었다. 비전문가인 경찰이 학술적인 문제를 내부의 협력도 없이 수사하기 어렵다는 점도 있지만, 그보다 근본적인 문제가 있다.

경찰을 비롯한 공권력은 불법적인 비리만 처벌할 뿐이다. 사회 어느 분야나 그렇듯이, 불법은 찾기가 어렵다는 점은 있을지언정 드러나기만 하면 처벌할 수 있다. 그렇지만 법을 어기지 않은 비리는 드러난다고 해도 처벌조차 하지 못한다.

교육 문제에서 본질적인 비리는 대개 합법적이다. 그래서 불법적인 비리보다 합법적인 비리가 훨씬 무섭다는 말이 나온다. 법석을 떨었던 대책들도 애초에 소용없는 것들이었다. 그 내막을 모르는 사람들은 막연한 기대만 하다가 지금처럼 잊어버리고 만 것이다. 근본적인 내막이 드러나지 않는 한, 앞으로도 비슷한 일이 되풀이될 뿐 해결은 없다.

그가 자살까지 하게 된 배경도 곰곰이 생각해 보면 아이러니컬하다. 끝까지 지금의 체제에 적응해 보려 했기 때문에 막판의 좌절감을 견디어 내지 못한 셈이다. 뒤집어 말하자면 최후를 맞기까지 썩어 있는 것을 알면서도 그 체제를 깨뜨리거나 벗어날 발상을 하지 않았다는 이야기다.

그런데 왜 많은 사람들이 이렇게 무기력하게 끌려가고 있을까? 이유는 크게 두 가지일 것이다. 하나는 저항해 보았자 별 수 없다는 생각 때문이다. 이런 체제를 고쳐 본다고 별 짓을 다했던 것 같지만 나아진 것이 없는 현실에서 무리도 아니다.

이런 생각은 그 다음 이유를 낳는다. 어차피 고칠 수 없을 테니 어떻게든 지금의 체제에 적응해서 살길을 찾아야 한다는 발상이다. 그러니 지금 체제에 군소리하고 싶을 리가 없다. 더 나아가 군소리하는 놈을 나쁜 놈으로 몰아 체제에 대한 충성심을 과시하고 싶어 하기까지 한다.

여기서 한 가지만 생각해 보자. 이런 무력감을 누가 심고 있을까? 그리고 이런 체제에 적응하려 악을 쓴다고 몇 명이나 성공을 거둘지 생각해 보자. 따지고 보면 지금 체제는 끝까지 남는 극소수 사람이 나머지 사람들 위에 군림하는 경향이 있다. 이런 체제를 만들어 놓고 지키려 하는 자들이 어떤 자들인가.

'흡혈귀가 지배하는 세상' 어느 오락영화의 선전 문구였지만, 이렇게만 쓰이기는 아까운 말 같다. 이 섬뜩한 이야기는 현실을 반영하고 있다. 따지고 보면 아주 옛날부터 기득권자들은 흡혈귀와 다를 바 없다고 여겨져 왔다.

흡혈귀. 영화나 드라마에서 인기 있는 캐릭터로 등장하고 있다. 피를 빨아먹는다는 점만 떼어 내서 생각하면 황당한 존재 같지만, 약간의 상징만 감안하면 일상생활에서 매우 친숙한 존재다.

이런 현실을 보지 못하게 최면을 걸어 놓은 역할을 한 분야 중 하나가 교육이다. 지금 대한민국 교육이 다음 세대를 이끌어갈 흡혈귀를 골라 내는 역할을 하고 있다면 지나친 말이 될까? 그동안 이런 이야기를 꺼내려 한 사람이 없었던 것 같다. 이제 한번 꺼내 볼 시점이 된 것 같다.

그렇지만 이 책이 빛을 보게 되기까지는 우여곡절이 많았다. 무엇보다도 다른 원고는 빨리 달라고 재촉하던 출판계조차 이렇게 불편한 이야기를 세상에 내놓기를 꺼렸다. 그래서 여기 나오는 내용의 상당수가 몇 년을 묵힌 것들이다. 이 점에 양해를 바라며, 또 한 가지 양해 받을 구절을 추가하고자 한다.

그동안 책 내용과 상관없는 감사 인사는 독자들에 대한 실례라고 생각해서 거의 넣지 않았다. 그렇지만 빛도 못 보고 묻혀 버릴 뻔했던 내용을 흔쾌히 출간해 주신 책미래 출판사에는 보잘 것 없는 감사나마 표시해 두고 싶다.

차례

차례

흡혈귀가 지배하는 세상
– 대학

1장

대한민국 교육의 숨겨진 목적
- 골품제 유지

어디서부터 속고 있을까?

암울한 현실에도 불구하고 지금의 체제에 순종하는 데에는 한 가지 환상이 작용한다. 고생스럽더라도 열심히 따라가다 보면 그 보답을 받을 것이라고 생각한다는 점이다. 과연 그럴까?

가장 기본적인 것 하나만 따져 보자. 대부분의 대한민국 국민은 초등학교에서 고등학교까지 무려 12년에 걸친 학창 시절에 참 열심히 공부한다. 이때 배운 내용이 자신과 국가사회 발전에 도움이 될 것이라 믿어 의심치 않으면서. 초등학교 저학년에서 다 끝낼 수 있는 글자와 셈같이 사회생활에 필수적인 기초지식을 제외하고는, 그게 그런 역할을 하는 것이 아니라는 사실을 인식하는 사람을 본 기억이 별로 없다.

가르치는 입장에 서 보면 그 비리는 금방 깨달을 수 있다. 여기서 교사들에게 뭐라고 하자는 뜻은 아니다. 가르치라고 정해 놓은 교과서 범위에서 벗어날 여건이 허락되지 않는 교사들의 입장에서는 문제를 깨닫더라도 별 대책이 없으니까.

진짜 문제 삼아야 하는 집단은 개인이나 국가사회 발전에 별 도움도 되지 않는 내용을 아이들 머릿속에 구겨 넣을 수밖에 없도록 구조를 만들어 놓은 자들이다. 그들이 왜 이런 짓을 하고 있는지를 제대로 파악해야 대책도 제대로 나온다. 하지만 현실적으로 그런 고민을 하는 사람이 별로 없다.

지금 교육계가 보수와 진보로 나뉘어 갈등이 크다고 한다. 연일 정부와 성향이 다른 교육감과의 갈등이 언론을 장식하는 장면을 보게 된다. 하지만 필자는 별 관심을 갖지 않는다. 어느 쪽이 이기든 지금 대한민국 교육이 가지고 있는 본질적인 문제를 해결할 가능성은 없다. 근원적인 문제 자체가 무슨 이데올로기에 있는 것이 아니기 때문이다. 심하게 말하자면 어떤 성향을 가진 측에서 해먹느냐를 두고 싸우는 데 불과한 것 아니냐는 의심밖에 생기지 않는다.

아직도 일부 사람들은 대한민국 교육이 갈 데까지 갔다는 점을 죽어도 인정하지 않으려 하지만 대부분의 사람들은 어렴풋이나마 깨닫고 있다. 그런데도 해결책을 생각하는 사람은 많지 않다. 뭔가 잘못되어 가고 있다는 점을 느끼지만, 무엇 때문에 사태가 이 지경이 되었는지에 대해서는 별로 생각하지 않기 때문이다.

하나의 예를 들어 보자. 필자의 전공인 국사가 좋은 사례가 될 것이다. 한때 국사 과목이 축소된다고 교사와 교수 집단이 난리를 쳤다.

우리 역사를 제대로 가르치지 않으면 앞으로 나라꼴이 뭐가 되겠느냐고.

이 말 자체가 떠들 가치조차 없다고 몰아 버릴 수는 없다. 하지만 여기 애써 빼놓은 말이 있다는 사실을 아는 사람은 많지 않다. 지금처럼 가르치려면 아이들 고생 시키는 것 이외의 의미가 없다는 사실 말이다. 제대로 가르치려면 어떻게 해야 하니 이렇게 해결해 달라는 식의 요구가 거의 없다는 점, 관심이 있는 사람이라면 잘 알 것이다.

현재의 대한민국 교육은 대체로 이런 식이다. 제대로 가르칠 대책은 생각하기도 싫어하면서 무조건 자기 과목 비중 늘려 놓으란다. 굳이 교육 전공이 아니더라도 교육 현장에 있어 본 사람이라면 이런 현상이 무엇을 의미하는지 모를 수가 없다.

그런데 이렇게 쉽게 파악할 수 있는 문제점이 왜 그동안 거의 알려지지 않았을까? 어찌 보면 당연하다. 피해자라고 할 수 있는 학생과 학부모들은 교육계 내부, 특히 문제의 핵심이 되고 있는 대학 교육이 어떤 마인드로 돌아가고 있는지 깊이 있게 파악할 기회가 별로 없다.

그만큼 전문가라는 사람들 말에 휘둘리기가 쉬운 것이다. 오히려 교육 문제에 관심을 갖는다는 학부모가 더 위험한 역할을 할 수도 있다. 문제의 핵심을 호도하는 전문가들의 말에 휘둘리면서도, 자신들이 문제를 다 파악하고 있다고 생각하니까.

그러면 현장 경험을 통하여 속사정을 잘 알고 있는 사람들은 그동안 왜 입을 닫아왔느냐고? 이유는 너무나 간단하다. 현장 경험이 있는 사람은 결국 그 바닥에서 살아 나가야 할 사람이라는 뜻이다. 비리를 떠들고 다니면 그때부터는 그 바닥에서 배신자로 찍힐 수밖에 없다.

그러면 "너는 도대체 뭐기에 그런 문제를 까발리겠다고 나서느냐?"라고 생각할 사람도 많을 것이다. 아닌 게 아니라 필자의 주변 사람들도 그런 말을 많이 한다. 출생 성분으로 보아서는 이 바닥에서 한가락 하는 집안 어른이 있는 '귀족집안' 출신이라고 생각하는 사람이 많다. 그런데 무엇 때문에 이 바닥 뒤집어엎는 일을 벌이고 다니느냐는 말이 되겠다.

이런 질문에는 '사회정의를 위해서'라고 답하는 편이 정답이겠지만, 여기서 손발이 오그라드는 방송용 멘트를 날리고 싶은 생각은 없다. 욕먹을 거리를 하나 더 던져 놓는 한이 있어도 이왕 험악한 이야기를 하기로 한 것 좀 더 솔직하게 털어놓고 싶다.

이 경우에 맞는 캐릭터가 있다. 흡혈귀의 피를 받고 태어났으면서도 흡혈귀가 되지 못하고 오히려 그들을 증오하고 싸우게 된 '블레이드'라는 존재다. 물론 현실에서도 영화에서처럼 '깨달음을 얻은' 멋있는 캐릭터라는 뜻은 아니다. 알고 보면 흡혈귀 집단에 들어갈 체질이 못 되는 것뿐이니까.

하도 아둔해서 흡혈귀 집단의 미움 살 짓을 하고 있었다는 사실을 오랫동안 깨닫지 못하고 있다가 돌이킬 수 없는 상황이 되어 버렸다. 돌이켜보면 힘 좀 쓰셨던 집안 어른도 흡혈귀가 되는 법을 제대로 가르쳐 준 적도 없는 것 같다.

따지고 보면 이만큼 빌어먹을 인생을 찾기도 쉽지 않다. 흡혈귀들에게는 위험한 존재가 될 것이고, 인간들에게는 알고 싶지 않은 사실을 알게 만드는 기분 나쁜 존재일 뿐이다. 게다가 흉측한 존재들의 정체를 알아 버렸으니, 그들이 살려 두려 할 턱이 없다.

살다 보니 이렇게 된 것 이왕이면 끝까지 비굴하게 붙어 먹으려 하기보다 제대로 한번 싸워 보고 인생을 마감하고 싶을 뿐이다. 기왕에 죽을 것이라면 사회의 암종 일부를 제거할 일을 해두는 편이 개인적으로는 그나마 살아왔던 보람이 될 것이고, 국가사회에도 조그마한 보탬이 될 것이다. 최면에서 깨어나 험악한 현실을 보기 싫은 사람에게는 해당 사항이 없겠지만.

블랙홀

지금 대한민국 교육에는, 빛 한 줄기까지 빠져 나가지 못하게 모든 것을 끌어당기는 블랙홀처럼 마지막 희망 한 줄기까지 빨아들이는 존재가 있다. 대한민국 교육을 이렇게까지 구제불능 상태에 빠뜨린 범인으로, 망설임 없이 대학이 지목되어야 한다. 대한민국에는 초등학교부터 시작해서, 중학교·고등학교·대학교가 있다. 참, 대학 다음에 대학원도 있다. 그런데 왜 하필 대학만 교육을 망친 범인으로 지목하느냐가 일단 궁금할 것이다.

답은 간단하다. 대학원은 대학과 세트이니 굳이 구별해서 따질 필요가 없다. 그러면 다른 과정은 뭐냐고? 대한민국 학교들은 기본적으로 상급학교로 진학시키는 것을 가장 큰 목표로 삼는다. 그러니까 초등학교부터 교육을 받아도 궁극적으로는 대학에 가는 것이 목표가 되어 버리는 셈이다.

대한민국 부모들은 아이들이 어렸을 때부터 떼돈을 들여 '공부'라는 것을 시킨다. 기본적인 목표를 물어 볼 필요조차 없다. 좋은 대학에 가라는 것. 대부분의 부모들이 자녀들에게 요구하는 기본적인 목표다. 초등학교에서 고등학교까지 어떤 학교를 나왔든, 이른바 '좋은' 대학에 가지 못하면 아무짝에도 쓸모없는 경력이 되어 버린다. 그러니 그 사이에 있는 학교의 목표도 그 영향을 받지 않을 수 없다.

과학고나 외국어고 같은 특수목적 고등학교를 만들어 보았자 대한민국에서는 별 소용없는 이유도 바로 여기에 있다. 과학고나 외국어고 같은 곳에 가서 자연과학자나 인문·사회과학자로 성공하겠다는 경우가 얼마나 되는지 모르겠다. 개인적으로는 거의 본 적이 없다.

학생과 학부모 대부분이 이런 곳에 가지 못해 안달하는 이유도 뻔하다. 따지고 보면 좋은 대학 가는 데 유리하기 때문이다. 그러니 특수목적 고등학교라는 곳도 그 자체로는 대한민국 사회에서 그다지 큰 역할을 못 한다고 해야 한다. 대학이 이전 과정의 교육 내용까지 물고 들어가는 셈이다.

당연히 대한민국 교육의 성패가 대학에 달려 있을 수밖에 없다. 대부분의 학생들이 학교 교육의 최종 목표로 삼고 있는 대학의 교육이 잘 되고 있다면 전체적으로 별 문제가 없는 셈이다. 뒤집어 말하자면 교육이 망가졌다고 하는 말은 최종 목표인 대학 교육이 잘못되었다는 의미가 되어 버린다.

또 대한민국의 대학은 대부분의 인재가 사회에 나아가기 전 마지막 단계의 교육을 맡고 있다. 인재 양성의 최종 단계에 해당하는 셈이다. 그러니 대학 이전까지 교육을 잘 받았건 못 받았건 마지막 단계에서 망쳐 버리거나 만회할 수 있다. 이런 점들을 감안하면 대학은 이래저래 교육이 망가진 책임에서 벗어날 수 없다.

대한민국의 교육에는 이러한 상황을 반영하는 공공연한 비밀이 있다. 고등학교까지 대한민국 학생의 학력을 따져 보면 어느 나라에 비해서도 빠지지 않는다고 한다. 그런데 대학생의 학력을 따져 보면 갑자기 푹 내려간단다.

또 한 가지 재미있는 유머도 있다. 만약 전 세계를 돌아다니면서 마음 내키는 대로 학교를 다닐 수 있다면, 가장 편하게 다니는 방법은 무엇일까? 정답은 독일의 초등학교, 미국의 고등학교, 그리고 대한민국의 대학이다. 그만큼 대한민국 대학은 놀며 대충 때우는 과정으로 악명이 높다.

어떤 사람은 옛날이야기라고 할지 모른다. 지금 대학생들이 놀며 학교 다니는 것으로 보이냐고, 옛날에는 그랬을지 모르지만 지금은 아니라고 할 것이다. 그럴 만큼 요즘 대학생들은 고생스럽게 학교를 다닌다고 한다.

물론 필자도 이 점을 모르는 바는 아니다. 최근까지 바로 그런 대학에서 학생들을 가르쳐 봤으니까. 그러면 요즘 대학 교육은 바람직한 궤도에 접어들었다는 뜻일까? 한 꺼풀만 까 보면 그 허상이 적나라하게 드러난다.

바로 학생들이 '열심히 공부하는' 내용이 무엇인지만 알게 되면 한숨밖에 안 나온다. 언론에까지 널리 알려진 이야기이니 더 이상 비밀일 것도 없다. 대학생들이 열심히 공부하는 분야는 크게 세 가지밖에 없다고 한다. 외국어, 취업용 상식, 법전. 심지어 공대생까지 법전을 들고 다니면서 고시공부에나 열을 올리는 것이 현실이다.

이런 현실은 대학 교육의 파행과 직결되어 있다. 원래 대학은 이런 공부나 시키자고 세운 곳이 아니라는 점은 상식이다. 대학은 각 전공에 따라 이른바 '전문 인력'을 양성하는 곳이다. 이에 비해 고등학교까지는 전공이고 뭐고 없이 앞으로 전문 지식을 배우기 위한 기초를 쌓는 데 불과하다.

즉 고등학교 때까지 아무리 기초를 잘 쌓아 봐야 대학에서 제대로 배우지 못하면 '고급 인력'이 될 수 없다는 뜻이다. 그런데도 대학 교육의 본질을 이룬다고 할 수 있는 세부 전공에 대해서는 학점 따는 것 이상의 의미를 두지 않는다.

예외는 있겠지만, 대부분의 경우 자기 전공에 관심조차 없다. 전공

공부라는 것은 기껏해야 학점이 걸린 시험을 보거나 리포트(report)를 내라고 하면 억지로 들춰 볼 뿐이다. 그나마 제대로 읽기나 하나? 이쯤 되면 상당 분야에서 대학이라는 곳이 상식적으로 알려진 대로 인재양성을 위한 '최고학부'로서의 기능을 제대로 못한다는 점을 알 수 있을 것이다.

대학을 졸업해 봐야 그 분야의 고급인력이 될 턱이 없는 것이다. 나중에 더 자세히 원인을 밝히겠지만, 열심히 공부해 봤자 인생에 별 도움이 안 되기 때문이다.

대학은 무엇 때문에 다닐까?

대한민국의 대학에서 열심히 공부해 봤자, 많은 분야에서 '인재(人材)'가 되기 어렵다는 이야기를 본격적으로 하기 위해서는 그 전에 좀 더 본질적인 문제 하나를 짚고 넘어가야 할 것 같다. 대한민국에 사는 대부분의 사람들이 인생에 있어서 중요한 목표 중 하나로 삼는 데 비하면, 왜 다녀야 하는지에 대해서는 별 생각조차 하려 하지 않는 곳이 대학이다. 그래서 뒤집어 생각해 보면 더 재미있다.

도대체 대학은 무엇 때문에 다니는 곳일까? 대부분의 학생들은 우선 취업을 하기 위하여 다니는 것이 현실이다. 그런데 이런 소리가 나오면 늘 하는 말이 있다. "대학은 취업 공부나 시키려고 세운 것이 아니다." 이 말 자체는 크게 틀렸다고 할 수는 없다. 단순히 취업만 생각한다면 전문대학이나 기술 가르치는 학원에 다니는 편이 낫다.

그러면 무슨 이야기가 될까? 취업을 시켜 주려고 세운 곳이 아닌 대학에, 취업하려고 떼돈 들여 다닌다는 이야기다. 이 웃지 못할 논리에서 빠져 나오려면 해답은 하나밖에 없다. 취업도 공장 같은 곳에 단순 노동자로 취직하는 것이 아니라, 고급 인재가 되어 좋은 직장에 취직해야 한다.

그래야 대학이 비싼 등록금 아깝지 않은 역할을 할 수 있다. 그러면 대한민국 대학은 정말 그런 역할을 하고 있을까? 답은 강조할 필요도 없을 것이다. 이러니 대충 생각해 가지고서는 대한민국 대학이 생존해 나가고 있는 이유에 도저히 이해할 수 없는 논리가 나온다.

일단 취업에 별 도움이 되지 않는다. 그렇다고 특별한 능력을 키워 주는 측면도 별로 없다. 그러면서도 학부모들 등이 휘어질 만큼의 막대한 부담을 준다. 즉 대한민국 학부모들은 자식들을 고등실업자로 만들어 버리는 것밖에 못 하는 대학에, 그 엄청난 부담을 감수하고 보내고 있는 셈이다. 제정신으로 이해할 수 있는 논리가 아니다.

그런데 왜 이렇게밖에 못 해 주는 대학에 떼돈을 들여가며 못 들어가서 난리를 쳐야 할까? 이런 문제의 해답은 한 번 뒤집어 보면 쉽게 눈에 띈다. 그렇다고 만약 대학에 보내지 않는다면 그 사람이 어떤 대우를 받고 살까? 대학 딱지가 필요 없는 특별한 분야에서 성공하지 못하는 한, 그 사람은 평생 '대학도 못 나온 놈'이라는 딱지를 붙이고 살아야 한다.

사실 생각해 보면 좀 우스운 짓이다. 대학 같은 곳 좀 안 나오면 어때서? 언론에서 바로 이런 점을 강조하는 경우도 많다. 문제는 그렇다고 대학 포기할 사람이 얼마나 되겠느냐는 점이다.

대한민국에서 사회 경험이 있는 사람이라면, 고개를 절레절레 흔들 것이다. 그만큼 사회적 편견은 심각하다. 말로는 "대학 못 나온 게 어떠냐?"라고 하면서도 막상 대학 나오지 못하면 사람 취급을 안 하려 든다.

그렇다면 대학이 어떻게 살아남고 있는지가 쉽게 드러날 것이다. 한마디로 말해서 '필요한 것을 사도록 하는 것이 아니라, 안 사면 병신 취급 받게 만들어서 사실상의 강매'를 하고 있는 꼴이다.

대학원에 가서 받는 알량한 석·박사학위도 마찬가지다. 필자 자신이 박사학위를 받았음에도 불구하고, 도대체 이 학위라는 것이 없는 사람에 비해 특별한 능력을 가지고 있다는 표시가 되는지에 대해서는 회의적이다. 그만큼 학위를 받은 사람 중에서도 자기 전공에 대한 지식과 능력이 부족한 사람이 많다.

여기서 대학이 부실 교육을 시켜도 되는 이유가 대충 나올 것 같다. 어차피 능력을 키워 주려 다니게 하는 것도 아니니 열심히 가르쳐 '인재(人才)'를 만들어 줄 필요가 별로 없다. 그저 우리 대학을 졸업했다는 간판 하나 주는 것으로 충분하다. 그래서 대한민국 대학은 "원가(原價)가 1,000원도 안 되는 졸업장을 4,000만 원에 팔아 먹는다"라는 소리를 듣고 있다.

그렇게 해도 되는 이유는 분명하다. 대학은 능력을 키우러 가는 곳이 아니라, '간판' 내지 '신분'을 사러 가는 곳이다. 그러니 그곳에서 능력을 키우는 것은 가르치는 쪽이나 배우는 쪽이나 별 관심의 대상이 아니다.

이 말이 너무 심하다는 생각이 든다면 주변에서 어떤 사람을 평가할 때 어떤 기준을 적용시키는지 한번 떠올려 보시기 바란다. 그 사람이 뭘 잘하는지 꼬치꼬치 따지는 경우는 별로 많지 않다. 보통은 "어느 대학 나왔느냐?"라는 한마디로 평가가 끝나는 경우가 많다.

어느 대학을 나왔느냐는 점이 밝혀지는 순간, 그 사람에 대한 평가가 결정되어 버리는 일이 많은 것이다. 경우에 따라 다를 수는 있겠지만, 그만큼 대한민국 사회에서는 아직도 출신 대학에 따라 사람을 평가하는 경향이 있다는 뜻이다.

물론 세상이 변하면서 출신 대학보다 능력을 보는 추세가 늘어가고 있다는 점은 사실인 것 같다. 그래도 아직은 멀었다. 밑에서 일하는 사람들에 대해서는 부려 먹기 위해서라도 간판보다 능력을 더 따지는 추세가 늘어나고 있는지 모르겠다. 하지만 사회를 움직이는 이른바 '엘리트 집단'으로 갈수록 간판 좋은 자들끼리 패거리를 지어 기득권을 지키는 경향은 강하게 남아 있다. 어찌 보면 능력보다 간판을 더 따지는 경향도 이들의 기득권 지키기에서 나온다고 할 수 있다.

과거제도 그리고 대학

대한민국의 대학이 어쩌다 신분제 수호자의 역할을 하게 되었는지를 알려면 약간의 역사 공부를 해야 한다. 그만큼 교육이 기득권 지키기의 수단으로 악용된 전통은 깊다.

내막을 알고 있는 사람들은 아직도 대한민국 교육에 '전근대적 잔재'가 남아 있다는 말을 한다. 여기서 웬 '전근대적 잔재'가 나오느냐고 생각할 사람도 있을 것이다. 이런 말이 나오는 이유는 바로 과거제도에 대한 인식과 대학 입학시험이 맞닿아 있기 때문이다.

물론 그렇지 않다고 주장하는 경우도 있다. 일제의 식민통치 때문에 전통문화를 현대에 맞도록 비판적으로 계승하지 못했고, 따라서 조선의 과거제도도 오늘날에 맞도록 고쳐 쓰지 못했다는 것이다. 1894년 이른바 갑오개혁 때 과거제도는 폐지되고 근대적 시험제도를 도입하게 되었다. 그러니까 지금의 고시제도는 과거제도가 아니라, 서양식 고시제도를 본떠 만든 일본식 고시제도를 이어받았다고 보아야 한다는 말이 되겠다.

이 말은 제도의 변화 과정만 보면 틀린 말이 아니다. 하지만 지금 대한민국의 교육제도에 '전근대적 잔재'를 지적하는 뜻은 전혀 다른 차원이다. '입시'든 '고시'든 형식적으로 어떤 제도를 따랐느냐가 아니라 시험이 본질적으로 무엇을 추구하느냐를 말하는 차원인 것이다.

본질적으로 과거제도와 지금의 입시·고시제도가 다 같이 시험을 통해 인재를 선발하는 제도라는 점에서는 똑같다. 주어진 일부 과목만 공부하여 한번 시험에 합격만 하면, 더 이상 노력하지 않아도 일생이 보장되는 철밥통이 된다. 따라서 주어진 조건에만 안주하다 보니 진취적이지 못하고 국가발전에 도움이 되지 못한다는 비판을 받는 것이다.

과거제도가 바로 이런 시스템의 시발점이라고 할 수 있다. 한번 합격하면 일생이 보장되었다. 당시는 신분사회였던 만큼 지금보다 더 했다. 성적에 따라 관품을, 많게는 6단계까지 올려 받고, 양반 관직의 로열-코스가 보장되며, 명문대가와 혼인길이 열렸다. 로열-코스에는 근무연한과 관계없이 승진할 수 있는 특권이 부여되었으며, 아들에게 음직(蔭職)의 혜택이 돌아갔다.

그 때문에 과거에 급제시키기 위해 어렸을 때부터 교육을 열심히 시켰다. 교육열이 높아진 것도 그 때문이다. 대한민국의 대학은 바로 이러한 제도의 병폐를 그대로 물려받은 것이다.

대한민국에서는 시험 두 번만 잘 보면 인생 걱정 하지 않는다는 말이 있다. 바로 대학입시와 고시다. 사람들이 본전 생각 못 하고 달려들 수밖에 없다. 그저 한 과정에 불과한 입학시험에는 그렇게 큰 신경을 쓰는 반면 대학 졸업 이후 정작 국가사회에 기여할 만큼 필요한 능력에 대한 평가에는 큰 관심을 기울이지 않는다.

왜 하필 '병폐'를 이어받았을까? 나름대로 이유가 있었다. 학교에서 역사를 가르칠 때에는 과거제도를 실시한 목적이 실력 있는 사람을 뽑자는 의도였다고 할 것이다. 물론 명분은 그랬고, 그런 측면이 없었던 것도 아니었다. 그래서 처음 과거제도를 시작한 고려가 관료제 사회니 아니니 하는 논쟁도 있었다.

그런데 이상한 점이 있다. 원칙대로 하자면 과거를 통하여 전국 각지에서 실력 있는 사람을 뽑았을 것이다. 따라서 높은 자리도 자연스럽게 각지의 인재가 골고루 차지했어야 한다. 하지만 현실은 반대였다.

고려나 조선이나 시간이 지나면 지날수록 특정한 몇몇 가문에서 높은 자리를 독점하는 현상이 일어났다. 그렇다면 그 가문만 똑똑한 유전자가 있어서 그랬을까? 그런 유전자가 있는 것 같지는 않다. 알고 보면 그럴 수밖에 없는 구조였다.

정당화된 신분제

수법은 대충 이렇다. 시험은 점수 경쟁이다. 그러니 점수를 따기 위한 공부를 집중적으로 해야 한다. 여기서부터 '있는 집 자식'들이 유리하다.

없는 집에서는 아이들에게 다른 걱정하지 않고 '공부'에 집중하도록 하기가 일단 어렵다. 당장 먹고살기도 어려운 시대였으니, 이것만 해도 살아 나아가기가 어려웠던 일반 백성의 자식들은 자연스럽게 경쟁에서 탈락했다. 조금 살 만해진 다음 대한민국 부모들이 자식들 교육이라면 온갖 무리를 해 가면서까지 투자를 아끼지 않는 풍조도 이런 시대의 한풀이라고 볼 수 있을 것이다.

물론 이것만으로는 먹고사는 문제에서 조금은 여유가 있던 향리 등 중간 계층이 경쟁에 남을 수 있다. 하지만 이들도 만만치 않다. 무리를 해서라도 자식이 공부에 집중하게 한다고 해도 점수를 잘 따는 데에 차원이 있다.

어떻게 해야 점수를 잘 딸 수 있는지 확실하게 파악하게 알고 공부를 시키는 것과 무작정 하는 것은 효율에서 크게 차이가 나기 때문이다. 그래서 요즘도 족집게 과외라는 것이 통한다. 그 시대에도 마찬가지였다.

과거제도가 시행된 후 시간이 흐르자 과거 시험 문제를 냈던 지공거(知貢擧) 출신들이 사학(私學)이라는 것을 세워 학생들을 가르쳤다. 국사책에는 단순히 여기까지만 나오니, 국사가 암기과목이라고 열심히 외우기만 했던 사람들은 이게 무슨 뜻인지 대부분 모른다. 쉽게 이야기하자면 이게 오늘날의 고액과외의 원조라고 보아도 큰 잘못은 없을 것이다.

과거 시험 문제를 내보았던 사람이니 어떤 문제를 내고 어떤 기준으로 채점을 하고 어떻게 써야 좋은 점수를 받는지에 대해서는 누구보다 잘 안다. 현직에서 과거 시험을 관리하는 사람들과 인맥도 유지된다.

이들에게서 배우는 편이 과거 시험에 합격하는 데 여러 가지로 유리하다. 그러니 '있는 집 자식'들이 이런 곳에 몰려들어 공부라는 것을 하게 되고, 사학이 날로 번창할 수밖에 없었다. 오늘날과 차이가 있기는 하지만, 공교육에 해당하는 관학에서 장학금을 주어가며 학생을 모아도 고위층에게 큰 인기가 없었던 이유도 여기에 있다.

이러한 점들을 보면 웬만해서 없는 집 출신들이 '있는 집 자식'들을 이기기 쉽지 않다는 점을 알 수 있다. 오늘날의 교육 현실에 시사해 주는 면이 적지 않을 것이다.

당시에는 여기에 결정타가 몇 개 더 추가되었다. 과거의 핵심적인 제술과(製述科) 등의 시험을 볼 수 있는 자격 자체에 제한이 있었던 것이다. 고려시대에는 '부호장 이상의 손자 내지는 부호정 이상의 아들'까지만 과거를 볼 수 있었다. 조선시대에는 아예 3대 이전에 관직을 지냈던 집안 어른의 사주단자를 요구했다. 백성들은 물론 향리의 진입까지 원천봉쇄해 놓았던 것이다.

여기에 음서(蔭敍) 같은 제도까지 활용했다. 음서란 5품 이상의 고위 관직을 지낸 사람의 자손에게 과거를 면제하고 관직을 주는 제도다. 물론 이것만 가지고는 별 영향이 없었다고 말하는 사람도 있다.

당시에는 높은 관직을 지낸 사람치고 과거에 급제하지 않은 사람이 없다는 것이다. 그만큼 당시에도 제 실력으로 관직에 올라온 사람을 쳐 주었지, 집안 배경만으로 출세하기는 어려웠다는 이야기인 것이다.

하지만 조금만 더 캐고 들어가 보면 사정이 달랐다. 대부분의 고위층 자식들은 어린 시절에 음직(蔭職)이라는 것을 받는다. 보통 10세

전후이고, 심하면 7세 때에 받기도 했다. 이 어린 나이에 관리로서의 역할을 했을 리가 없다. 그런데도 무엇 때문에 어린 나이에 음직을 받았을까?

해답은 바로 '경력 쌓기'였다. 과거 시험은 지금과 비슷하게 보통 20세를 전후해서 보고 비슷한 연령대에 관직에 진출하게 된다. 이때 음직의 혜택을 보지 못한 사람들은 밑바닥 관직부터 시작해야 한다. 반면 어렸을 때 음직을 받은 사람은 이미 7~8년에서 10년의 경력이 거저 붙어 있다.

결국 관직으로의 첫 진출부터 다르다. 이후 승진에 엄청난 차이가 생길 수밖에 없다. 이후 고위층으로 올라가는 경쟁은, 적어도 애초부터 갈라져 있던 신분 사이에서는 제대로 된 경쟁이 아니었던 셈이다. 결국 과거제도를 이용해서, 실력 있는 사람을 뽑겠다는 명분을 내세워 놓고 실제로는 신분세습을 정당화시켜 놓은 꼴이다.

그래서 "고려시대에 접어들면서 골품제가 폐지되었다"라는 사실에도 맹점이 있다는 것이다. 제도는 폐지되었지만, 그 기득권층이 없어진 것은 아니기 때문이다. 족보 연구에 일가견이 있는 한 어른의 말로는, 신라시대부터 지금까지 기득권층에 큰 변화가 없다고 한다.

오늘날 대한민국 교육 현실에도 시사하는 바가 크다. 인재를 선발하는 제도 자체가 사람의 능력을 키워서 활용하는 것보다 기득권 지키기의 명분 내지 수단이었던 것이다. 이런 성향은 현재의 대한민국 교육에도 그대로 남아 있다.

근대 이전에 과거가 그 수단이었다면 이후에는 대학 입학시험이 과거의 자리를 차지했다는 정도의 차이가 있을 뿐이다. 그러니 대학을 다니는 목적도, 잘 배워서 능력 있는 인재가 되기보다 신분상승을 위한 간판을 따는 것이라는 생각이 지배적이다.

사실상의 골품제 사회

공식적으로는 대한민국 사회에서 신분제가 폐지된 지는 꽤 오래되었다. 그렇지만 그 잔재까지 완전히 사라졌다고 할 수는 없다. 혈연신분제는 폐지되었지만, 학벌신분제 형태로 변화된 것이다. 이 점은 간단하게 확인할 수 있다.

입시철만 되면 대한민국의 거의 모든 고3 수험생들은 어느 대학으로 갈지 고민을 해야 한다. 한데 그 고민의 기준은 무엇일까? 아주 간단하다. 일부 예외는 있겠지만, 대부분의 수험생은 자신이 받은 시험 점수의 등급과 맞는 대학을 찾는다. 즉 좋은 점수를 받은 순서로 '좋은 대학'에 지원하게 된다. 이른바 '대학의 서열화'라는 것이다.

얼핏 보면 이게 무슨 신분제와 상관이 있겠느냐고 생각할 수도 있다. 외국에도 명문대학은 있고, 이곳에 들어가기 위한 경쟁은 어느 나라나 치열하다. 그런데 왜 대한민국 대학에만 시비를 거느냐고 할 수 있다.

하지만 조금 차이가 있다. 대부분의 경우 지구촌의 명문대학은 특별히 잘 하는 분야가 있다. 그 분야에서 유능한 인재가 배출되기 때문에 명문대학이 된다. 하지만 대한민국 대학은 실제 수준과 상관없이 명문대학으로 만들어 버리는 경우가 많다. 좀 더 적나라하게 말하자면, 학문적으로 형편없는 수준을 가진 분야도 대학 이름 하나를 배경으로 학과 자체가 명문대학 행세를 하는 경우가 제법 된다.

여기에서도 역시 시대착오적 인식이라는 말도 나올 수 있다. 최근에는 유력한 기업이 맡아 집중적으로 투자하는 대학이 이른바 '뜨는' 경우도 많다. 덕분에 예전에 비하여 서열도 많이 바뀌었다. 그러니 옛날식으로 몰아가서는 안 된다는 말도 나올 법하다. 또한 대한민국의 명문대학에서도 인재가 제법 배출되었다는 말도 나올 수 있다.

그렇지만 이 중 상당수의 경우에 비리가 있다. 그 비리가 어떤 것인지는 뒤에 소개하겠지만, 변하지 않는 것 하나는 분명히 있다. 바로 '제일 좋은 대학'이다. 이것 하나만큼은 대한민국 역사에서 바뀐 적도 없고, 앞으로도 절대 바뀌지 않을 것이다. 어떤 기업이라도 국가보다 더 많은 투자를 할 수는 없을 테니까.

그래서 대한민국의 대입 수험생들은 일단은 거의 무조건적으로 제일 좋은 국립대학을 목표로 한다. 대부분이 그 학교에 들어가지도 못하면서 목표는 그렇다는 이야기다. 오히려 자신들이 들어간 나머지 대학들을 현실적으로 점수에 밀린 차선책으로 여기는 경우가 압도적이다.

필자가 대학 신입생일 때에 있었던 일화이다. 이른바 같은 계열 신입생들끼리 MT라는 것을 가서 술자리를 벌였다. 이 자리에서 동기한 녀석이 자기 면접시험 때의 이야기를 꺼냈다. 신입생들 모두가 받았던 질문이 "우리 학교에 왜 지원했느냐?"는 것이었다. 자기는 솔직하게 "서울대학교에 가기에는 점수가 모자라서 이리 왔다"라고 대답했단다.

오만 가지 대답을 늘어놓고 입학했던 동기들 중, "나는 아니다"라고 나서는 친구는 하나도 없었다. 필자 역시 마찬가지였다. 질문을 던졌던 면접시험관 역시, 자기 학교에 모욕이 될 수 있는 대답에 웃고 넘어갔다고 한다. 현실을 무시하지 못했다는 이야기다.

지금이라고 크게 달라졌을까? 그렇지 않다는 것을 보여 주는 단적인 사례가 있다. 모 케이블 TV 방송사에서 '80일 만에 서울대 가기'라는 프로그램을 방영한 적이 있다.

왜 하필이면 서울대일까? 방송 내용이 어떻든, 여기에 다른 대학 이름이 붙으면 벌써 격이 떨어진다고 느낄 것이다. 수험생들의 입장에서는 "겨우 차선책밖에 안 되는 대학에 가라고 이런 프로그램 만드느냐?"라고 말할 테니까.

그러니까 그 아래 대학의 서열이 조금 바뀌는 정도로 근본적인 변화가 일어났다고 보기는 어렵다. 그만큼 굳이 어려운 말을 쓰지 않더라도, 대한민국 사회에서는 좋은 대학을 나왔느냐 아니냐에 따라 우월감이나 열등감을 가지고 사는 것이 사실이다.

좋은 대학에서 우수한 인재를 많이 배출했다는 주장도 곱씹어 볼 필요가 있다. 과연 지금 출세한 좋은 대학 출신들이 가장 우수한 실력을 갖추어서 그랬을까?

가만히 보면 그 구조는 시대를 거슬러 올라가 신라의 골품제와 비슷하다. 신라 때 업적을 남긴 사람들 대부분이 진골 출신이다. 그러니 신라 때에는 역시 진골들만 능력이 뛰어났다고 한다면 웃기는 이야기다.

따지고 보면 진골들에게 집중적으로 기회를 주니 진골들이 그만한 업적을 남길 수밖에 없었던 구조인 것이다. 그때도 이런 꼴 보기 싫어서 당나라로 망명해 간 사람이 나왔다.

지금도 가장 좋은 대학은 신성한 '골(骨)' 신분 역할을 하고, 그 밑으로 '두품'이 매겨지는 것이 골품제 서열과 크게 다를 것이 없다. 이런 상황에서 두품들 사이에 변화가 있다는 정도가 근본적인 변화라고 하기는 어려울 것이다.

그래서 '좋은 대학'을 나오면 능력에 상관없이 대우를 해 준다. 필자만 하더라도 대학 입학시험 잘 봐서 좋은 대학 나온 것 이외에는 할 줄 아는 것도 별로 없는 작자들이 간판 내세워 설치는 꼴 많이 보고 산다.

물론 요즘은 예전만큼 '좋은 대학' 출신들이 모든 것을 다 해먹는 시대는 아니다. 하지만 그 원인을 생각해 보면 사회가 공정해졌기 때문이라고 하기는 어려울 것 같다. 오히려 그 반대가 되었기 때문일 것이다. 좋은 대학 출신들이 하도 해먹는 꼴을 보다 못해, 각 대학마다 '우리도 살 길 찾자'며 출신들 챙기느라 바쁘다.

진골 귀족들끼리 다 해먹는 꼴 보기 싫어 각 지역마다 호족들이 들고 일어났던 신라 말의 혼란과 비슷한 현상이다. 그래도 국지적인 부분에서만 그럴 뿐 대세를 바꿔 놓는 수준은 아직 못 된다. 이런 변화는 '변화'라기보다 글자 그대로 '혼란'에 가까울 것 같다. 그래서 공정한 세상이 되었다고 좋아할 상황도 아니고, 좋은 대학에 안 가도 되는 세상은 못 된다는 것이다.

이것이 바로 대한민국의 엘리트 집단을 키워 내는 대학이 돌아가는 방식이다. 엘리트 집단이 이런 방식으로 사람 관리를 하니, 다음 세대가 영향을 받지 않을 수 없다. 어떻게든 좋은 대학 간판을 달지 못하면 인생이 피곤해진다는 생각을 부모들부터 하지 않을 수 없는 것이다.

그래서 대한민국은 아직 간판사회의 티를 벗지 못하고 있다. 하다 못해 사소한 원고 하나 싣는 데만 해도 사람들 눈에 그럴듯하게 보이는 간판부터 요구한다. 사실 실제보다 과대포장된 간판을 내거는 것은 내실을 기하는 것보다 쉬운데도 말이다. 간판 내세워 눈만 속이고 보자는 심리가 더 강해질 수밖에 없다. 부모들이 아이들에게 좋은 대학에 가라고 닦달할 수밖에 없는 이유도 짐작하기 어렵지 않다.

신분을 팔아먹게 된 배경

교육이 그 본질적인 목적에서 벗어나 있는 현실을 두고 많은 사람들이 '기형적'인 구조라고 한다. 하지만 아무리 원칙에서 벗어난 일이라도 워낙 오래되면 '기형적'이라고 생각하지 않는다. 대부분의 사람들에게 익숙해져 버리니 그것이 오히려 정상인 것처럼 인식하게 되기 때문이다.

대한민국의 대학 돌아가는 꼴이 바로 그렇다. 국가사회에 별 도움이 될 것 같지도 않은 몇몇 과목만 가지고 시험 한번 잘 보면 팔자 펴는 구조가 과거제도의 실시부터 시작되었으니, 그 전통은 적어도 1,000년을 이어온 셈이다.

그런데 왜 이런 제도를 도입해서 악착같이 유지하고 있을까? 다 내막이 있다. 과거제도라는 것 자체가 기득권 유지 수단이라는 측면이 강했던 것이다.

인재선발제도인 과거제도 이야기를 하다가 갑자기 기득권 유지가 튀어나왔다고 어리둥절한 사람도 있을 수 있다. 하지만 알고 보면 인재선발제도처럼 정치에 민감한 것도 드물다. 그 사회의 권력을 누가 잡느냐와 밀접한 관계가 있기 때문이다.

이해하기가 어려우면 과거제도가 없던 시절, 어떻게 높은 자리에 올라갈 사람을 뽑았는지 보면 된다. 과거제도가 시행되기 이전인 신라 때에는 골품제 사회였다. 쉽게 말해서, 집안 좋으면 높은 자리에 올라갈 수 있는 제도였던 것이다. 되는 집안만 잘되는 제도였던 셈이다. 이에 비해 과거제도는 최소한 실력경쟁을 한번 해 볼 수 있는 기회를 주는 제도였다.

그런데 왜 이런 제도를 도입하고 싶어 했을까? 훌륭한 왕이 나타나 되는 집안만 되는 불합리한 제도를 개선하고 싶어서 그랬다고 아는 순진한 사람도 많을 것이다. 하지만 정치라는 것이 내막을 알면 알수록 흉악한 측면이 있다.

왕의 입장에서 보면 간단하게 풀린다. 골품제 같은 제도에서 출세하는 이유는 기본적으로 집안이 좋기 때문이라고 보면 된다. 그러니까 높은 자리에 올라간 사람들은 자기가 잘난 집안에서 태어났으니 당연히 출세해야 한다고 생각하지, 최고권력자에게 감사할 필요를 느끼지 않는다.

반면 과거제도에서는 이야기가 다르다. 아무리 과거 시험을 볼 수 있는 신분을 제한해도, 관직이라는 것을 높은 신분층 모두에게 한 자리씩 돌릴 만큼 충분하게 만들기는 어렵다. 어쩔 수 없이 높은 신분층 사이에서도 경쟁을 하게 되는 것이다.

따라서 원칙적으로 시험에 붙는 것이 우선이며 집안은 다음 문제가 된다. 시험에 붙으려면 시험을 관리하는 사람의 눈에 벗어나면 안 된다. 이 점을 이용하면 정치에 이용할 수 있는 훌륭한 재료가 나온다.

과거제도가 확실하게 시행된 때에는 최종 시험에 왕이 직접 참석했다. 이 단계에서는 탈락이 없다. 단지 순위만 매겨지고 왕(황제)이 직접 시험에 통과한 표식을 하사한다.

"남자는 자기를 알아주는 사람에게 충성한다"라는 속언이 있다. 이렇게 되면 이 시험을 본 사람들에게는 자신을 등용해 준 사람이 최고 집권자인 왕이라는 사실이 각인된다. 더 나아가 왕을 스승으로 모시는 관례까지 생겨 버린다.

최종 시험을 관리한 최고집권자에게 나름대로의 충성심이 생기는 셈이다. 과거제도를 최고집권자가 밀어붙인 데에는 바로 이런 이유가 작용했다.

너무 나쁘게 해석한다고 생각할 사람이 있을지도 모르겠다. 그렇지만 과거제도를 이용한 정권안보는 중국에서부터 고전적으로 써먹던 수법이다. 과거제도를 만든 고려 광종이 공연히 후주(後周) 사람 쌍기(雙箕)를 등용했던 것이 아니다. 후주에서 잘 써먹는 것을 보고, 그 나라 출신을 등용해서 제도를 도입했던 것이다.

그래서 과거 시험의 궁극적인 목적이 자신에게 충성할 사람을 뽑자는 측면이 강하다고 한다. 최고위직으로의 출세와 직결되는 과거 시험 과목이 주로 유교와 관련되어 있는 것도 우연이 아니다. 충(忠)을 강조하는 유교에 길들여진 자들을 뽑아 두는 것이 유리하기 때문이다. 국가와 백성을 돌보는 능력이 아닌 일부 과목에 집착하게 된 이유도 여기에 있다.

그러니 가르치는 대로 따라만 가면, 최소한이나마 장래를 보장받는 데에도 한계가 있다. 당장 이 제도를 만든 고려시대만 하더라도 기득권층의 저항으로 '음서' 같은 제도까지 만들어 주면서 타협을 해야 했다. 실질적인 신분제는 깨지도 못했다. 과거 시험만 잘 보면 모든 것이 해결되는 것도 아니었던 것이다.

이러한 점에서 과거제도를 통해 단순하게 '실력 있는' 인재를 뽑는다는 인식에 함정이 있다는 점을 알 수 있다. 좀 더 정확하게 말하자면 '최고집권자의 기득권 유지에 유리한 체제를 만들 능력이 있는' 사람이 우선이라는 뜻이 될 것이다.

그러니까 신분을 가리지 않고 새로운 기회를 주는 것 같지만, 실제로는 권력에 봉사하게 만들고 그 대가를 주는 시스템인 셈이다. 그러니 교육 내용도 국가사회와 개인의 발전에 도움이 되느냐 마느냐는 둘째 셋째 문제다.

오늘날 교과서 내용을 두고 피 튀기는 싸움이 일어나는 것도 같은 맥락이다. 교육 문제에 거품을 무는 많은 사람들이 국가와 민족을 위해 교과서 내용을 두고 싸우는 것처럼 주장한다. 하지만 그 내용을 들여다보면, 다음 세대에게 필요한 지식보다, 자신들에게 유리한 지식을 강요하는 경향이 강하다. 인재 선발의 배경을 감안해 보면 너무나 당연한 현상이다.

특권의식 키워 주는 교육

이쯤에서 지금까지 했던 이야기를 종합해 보면 대학을 다니는 목적도 바로 그림이 나올 것 같다. 대학은 인재가 되기 위해서 가는 곳이 아니라 신분을 사러 가는 곳이다. 그 신분은 기본적으로 기득권 유지에 도움이 되는 활동을 하겠다는 대가로 얻어지는 셈이다. 즉 현재의 체제를 유지하는 데 봉사하라는 의미로 뽑아 주었으니, 특별히 문제가 되지 않는 한 합격자의 기득권 역시 평생 유지시켜 주는 체제였다.

이와 같이 시험 한번 잘 본 것을 가지고 평생을 대우해 주는 풍조의 후유증 역시 상당히 심각하다. 뭐가 그렇게 심각한지 확인하기 위해서는 역시 원칙을 확인할 필요가 있다. 오랜 시간이 걸리는 투자를 통하여 인재를 양성해 내는 이유는 그렇게 키워 낸 인재의 능력이 많은 사람들에게 혜택을 줄 것이라고 믿기 때문이다.

아닌 게 아니라 정보화 사회로 가면 갈수록 능력 있는 인재의 필요성은 점점 커진다. "천재 하나가 수만 명, 수십만 명을 먹여 살린다"라는 말이 나오고 있다. 그럴 만큼 좋은 아이디어로 만들어 낸 콘텐츠들 덕분에 수십억, 수백억 원에 달하는 시장이 창출되는 상황을 보면 분명히 헛소리는 아니다.

인문·사회과학 분야도 마찬가지다. 훌륭한 문화 콘텐츠는 자동차 수만 대를 수출하는 것과 비슷한 효과를 낸다고 한다. 조직관리를 잘해 내는 인재는 그 이상의 효과를 국가사회에 안겨 줄 수도 있다. 그래서 '공부 많이 한' 인재는 사회적으로 대우해 줄 필요가 있는 것이다.

그런데 대한민국 대학에서 키워 낸 인재 중 얼마나 이런 역할을 할까? 대부분의 인재들이 투자와 대우에 걸맞은 역할을 한다면 현재의 교육제도에 대해 비판을 할 필요가 없다. 뒤집어 말하자면 일껏 교육시켜 놓은 사람들이 필요한 역할을 못 하고 있기 때문에 그런 사람들을 인재라고 키워 낸 제도에 대해서도 비난이 가해지는 것이다.

사실 주변을 둘러보면 대한민국 엘리트 집단이 욕을 많이 먹고 있다는 사실은 쉽게 확인할 수 있다. 자신들을 출세시켜 준 국가사회의 미래에 대해서는 별 관심도 갖지 않고 자기들 이권 챙기기에만 정신이 팔려 있다는 비판은 수도 없이 나왔다.

필자가 내막을 잘 알고 있는 조직들만 보아도 그러한 경향은 뚜렷하게 나타난다. 당장 인재를 양성해 내는 대학사회부터가 그러니까. 전부는 아닐지 몰라도 상당 부분의 비난에 근거가 없는 것 같지는 않다.

이러한 경향의 이면에 엘리트 층이 교육 받는 과정에서 알게 모르게 겪은 경험이 단단히 한몫을 하고 있는 것 같다. 시험 점수만 잘 받으면 실제 능력 여부와 상관없이 대우받는 풍조가 그 혜택을 보고 있는 엘리트 층의 사고방식에 영향을 주지 않을 수 없는 것이다.

필자의 직업상 주변 사람 중에 '좋은 대학' 나오고 '공부 많이 한' 사람이 많다. 그런데 그들은 정말 먹고 살기도 어려운 사람 못지않게 세상에 불만이 많다. 겉으로 보기에는 안정된 직장에 사회적 대우에,

심하면 특권까지 누리는 집단에 속해 있으면서도 그렇다.

이유가 걸작이다. 옛날에 공부 잘했고, 어렵게 학위까지 땄는데도 그에 걸맞은 대우를 해 주지 않는단다. 노골적으로 그 어려운 시험 다 통과하고 학위 받았는데 대우가 이게 뭐냐는 불평이다.

심지어 '복 받은 직업'이고 '하늘이 낸다'는 교수까지도 불평이 많다. 교수는 직업이 아니라 '교수형'을 받는 자리라나. 물론 그런 불평을 하면서도 그만 두는 사람은 아직 못 봤다.

냉정하게 사리분별을 해 보자면 웃기는 불평이다. 그동안 각종 시험을 잘 봤든 못 봤든 그 자체가 사회에서 차별대우를 해 주어야 할 이유가 되는 것은 아니다. 정작 필요한 것은 교육 받아 키운 능력이 다른 사람들에게 얼마나 도움이 되느냐는 점이다.

그런데 배운 사람들 치고 이에 대한 고민을 하는 사람은 별로 없다. 그저 자기들에 대한 대우가 형편없다는 불평만 많다.

이것이 무슨 뜻일까? 상당수의 대한민국 엘리트 층은 자신을 출세시켜 준 사회에 책임감을 가지고 있는 것이 아니라, 자신들이 잘 나서 당연히 대우받을 자격이 있다고 생각한다는 뜻이다. 그러니 국가사회를 위해서 어떤 책임을 져야 자신이 받는 대우에 값을 치를 수 있느냐는 생각은 거의 하지 않는다.

그들의 행각에 관대한 사회에서는 책임을 묻는 목소리도 작다. 당당하게 자기들 챙겨 먹는 데나 신경 쓰는 것이 당연할 수도 있다. 대부분의 국민들에게는 기분 나쁘다 못해 화가 치밀어 오를 행태다. 그럼에도 불구하고 이러한 행태를 야기하는 제도에 대해서는 별다른 비판이 나오지 않는다. 대학 입학시험이라는 것은, 이런 식으로 시험 한번 잘 본 것을 가지고 남의 머리 꾹꾹 밟고 올라서서 마음껏 권력을 휘두르는 자격을 얻는 것이라는 인식이 알게 모르게 심어지고 있는 셈이다.

대한민국 사회만큼 시험 1등에 집착하는 사회도 드물다. 사실 시험 1등이 중요한 것이 아니라는 점은 상식이다. 주변에 수석으로 입학했거나 수석으로 졸업했다는 사람 치고 정말 능력 있는 사람을 본 기억이 별로 없다. 한국 사람들이 별난 사람들이 되어서 시험 1등에 집착하지는 않을 것이다. 그만큼 시험 1등에 대한 사회적 대우가 따라오니까 사람들이 집착하게 된다.

아무리 좋게 평가해 주어도 시험은 예선에 불과하다. 즉 최소한의 자격을 갖추지 못한 사람을 골라내고, 이제부터 제대로 해 보라고 출발선에 세워 주는 것이 시험 성적이 보여 주는 의미라는 이야기다. 예선은 1등으로 통과하든 꼴찌로 통과하든 큰 의미가 없다. 능력이 되는 선수라면 상황을 보아 가며 슬슬 뛰어서 통과해도 되는 것이 예선이다.

그런데 대한민국의 현실은 예선에서 1등을 했다는 사실을 가지고 평생 우려먹는 셈이다. 그래서 오히려 본선에서는 눈치 보아 가며 슬슬 뛰어도 그만인 풍조를 만들어 놓았다. 이러니 예선 통과한 주제밖에 못 되는 존재들이 특권의식을 가지게 된다.

대한민국 사회에서 이렇게 별 의미 없는 시험 점수에 집착하는 한, 엘리트 층의 행태가 달라질 것 같지는 않다. 사실 기득권자들에게 유리한 체제를 만들자는 내용을 가지고 아무리 열심히 공부해 봤자, 국가사회 전체에 큰 도움이 될 리가 없다. 국가사회에 별 도움도 안 되는 시험을 잘 보았다고 평생 대우해 주는데, 특권의식을 갖지 않으면 그것이 오히려 이상할 일이다.

결국 후세에는 좋지 않은 유산만 물려준 셈이다. 지금 대한민국 교육이 파행을 겪고 있는 원인도 이런 유산을 물려받은 결과라 해도 지나친 말은 아닐 것이다. 학생들이 공부하는 내용에도 이 후유증은 그대로 반영되어 있으니까.

오직 점수만을 위하여

신분 내지 간판을 사기 위해 공부를 하니 대학에 들어가기 위하여 공부했던 내용, 과정에서 공부하는 내용 등 엄청난 투자가 들어가는 과정이 학생 개인이나 국가사회 발전에 도움이 되지 못하는 것이 당연하다. 설마? 그렇게 생각한다면 우선 대학에 들어가기 위해 공부하는 내용이 과연 인재를 만드는 데 필요한 내용인지 살펴보자.

대학에 가기 위하여 하는 공부라는 것이 어떤 내용인지 모르는 사람은 별로 없을 것이다. 대부분의 대한민국 국민이 인생에 한번쯤 겪어 보았을 테니까. 그럼에도 불구하고 그런 공부가 대한민국 사회에 얼마나 악영향을 주는지에 대해서는 별로 관심을 기울이지 않는 것 같다.

사실 조금만 관심을 기울이면 기가 막힐 정도로 황당한 내용을 공부랍시고 하고 있다는 점은 금방 알아볼 수 있다. 지금도 그러한 사례는 도처에서 찾을 수 있다. 방송에서까지 대놓고 시키고 있으니까.

한때 '80일 만에 서울대 가기'라는 프로그램이 인기를 끌었다. 어떻게든 좋은 대학에 들어가고 보아야 하는 풍조에서 당연한 일이다. 마침 필자의 전공과도 관련이 깊은 근현대사 과목이 나오기에 한번 본 적이 있다.

수험생들 입장에서는 눈이 번쩍 뜨일 만한 내용이었다. 5등급짜리를 1등급짜리로 만드는 비법이라나. 처음부터 나름대로 쇼킹한 말로 시작을 장식했다. 근현대사 시험 잘 보고 싶으면 우선 교과서부터 갖다 버리란다.

가만히 들어 보니 점수 따는 측면에서라면 일리가 있었다. 교과서랍시고 사료만 죽 늘어놓고 맨 끝에 "이 사료를 읽고 그 의미를 생각해 보자"라고 해 놓았단다. 이 대목을 놓고 한 그 강사의 말은 명언에 속할 것 같다. "그렇게 의미 생각할 수 있는 능력이 있으면 뭐 하러 지금 수능 보고 앉아 있나?"

분명히 일리가 있는 말이다. 그런 의미 생각해 봐야 대학 가는 데에 별 도움이 안 된다. 그러니까 쓸데없는 내용이나 잔뜩 써 놓은 교과서 갖다 버리고 문제 푸는 데 도움이 될 내용이나 공부하잖다. 그 강사의 말대로 수능시험을 보아야 하는 학생들에게 필요한 것은 답을 정확하게 골라내서 점수를 올릴 수 있는 요령이지 근현대사에 대한 고민이 아닌 것이다.

그렇게 보자면 교과서를 써 놓은 교수가 욕을 좀 먹어야 할 대목인 것 같다. 자기가 몸담고 있는 대학과 고등학교 학생들의 현실을 구별도 못 하는 사람이 고등학교 교과서를 썼다는 이야기가 된다.

그러면서 강사는 몇 가지 재미있는 요령을 가르쳐 주었다. 이름이 '봉'자로 끝나는 사람은 사회주의 계열이라나. 이 같은 내용을 기반으로 해서 이것저것 엮어 외우면 어떤 문제가 나와도 다 뚜드려 맞출 수 있다는 식이었다.

아닌 게 아니라 이렇게 외우면 찍기 위주인 수능시험에서는 좋은 점수를 받을 수 있을 것 같다. 5등급짜리가 1등급이 되었다는 실제 사례도 보여 주는 것을 보니 효과가 있기는 있는 모양이다.

여기에 덧붙여 그 강사는 대학입시를 고통으로 생각하지 말라며 열을 올렸다. 다시 잡기 힘든 인생 최고의 기회이며, 수능 보는 자세를 계속 유지하면 인생의 승리자가 될 수 있단다. 일리가 있는 말이다. 대한민국 사회에서 그렇게 수능 점수를 잘 받아 좋은 대학에 가고 고시까지 통과하면 '성공한 인생'이 되는 것은 사실이다.

그 강사에게 뭐라고 하고 싶은 생각은 없다. 그 사람으로서는 대학에 들여보내는 것이 직업일 뿐이지, 그 이후를 생각할 필요가 있는 입장은 아니다. 그래서 분명히 수험생들에게는 희망을 줄 수 있다.

그런데 그게 대한민국 사회에도 희망이 될 수 있을까? 이렇게 공부하라고 가르치는 내용을 보니 역사학자로서는 한숨밖에 안 나온다. 시험 딱 끝나고 나면 이런 식으로 공부했던 내용을 어디에 써먹을까?

"'봉'자 돌림은 사회주의자다"라는 지식을 가지고는 근현대사 전문가가 되는 데는 말할 것도 없고, 살아가면서 필요한 상식 역할도 못 한다. 즉 입학시험에서 점수 따기 이외에는 아무 쓸모도 없는 것을 열심히 배우는 셈이다.

바로 이런 공부를 하자고 대한민국 수험생들이 과목마다 천문학적 자금을 쏟아붓고 있다. 다른 과목들에 대한 방송도 조금 보았지만, 큰 차이가 없는 듯하다. 실제 학교에서 배우는 내용 역시 별로 나을 것도 없을 것이다. 수험생에게는 몰라도, 대한민국 사회에는 절망의 메시지일 뿐이다.

남의 나라 교육까지 망쳐 놓는 위대한 나라

대학 진학을 위한 교육이 인재를 만드는 것과 거리가 먼 이유는 이정도만 보여 주면 충분할 것 같다. 전형적으로 목적을 잃어버린 채 수단에 집착하는 구조다.

더욱이 이러한 악영향이 대한민국 안에서만 그치는 것도 아니다.

점수만을 위한 공부에 있어서는 대한민국이 세계적으로 명성을 떨친다. 오죽 했으면 초강대국 미국마저도 한국 사람 때문에 토플 시험의 방식을 바꾸어야 했을까?

원래 토플 점수는 영어 실력을 표시하기 위해 치르는 시험이다. 그러니까 시험 점수가 높은 사람이 영어 실력도 좋은 것이 상식이다. 대부분의 나라에서는 이 상식이 통한다. 그런데 한국 사람에게는 예외가 많다. 월등히 높은 토플 점수에도 불구하고, 대화도 제대로 못하고 영어 문서도 못 읽는 사람이 수두룩하더란다.

영어 실력이라는 목적은 어디론가 사라지고, 점수만 남는 공부를 하니 이런 해괴한 현상이 생긴다. 한국 사람이 자꾸 이런 현상을 보이니까 문제가 불거져서 결국 시험 체제 자체를 아예 바꾸어 버렸다고 한다.

토플만 이런 꼴을 보이는 것이 아니다. 미국에는 SAT라는 대학입학 자격시험이 있다. 미국 대학에 진학할 때 입학 사정에 반영되는 여러 개의 시험을 통틀어 말한다. 원칙적으로 보자면 이 시험은 대한민국과 별 상관이 없는 것이 정상이다.

그런데 현실에서는 그게 그렇지가 않다. 방학 때만 되면 재미교포를 중심으로 한 미국 대입 수험생들이 대거 대한민국으로 몰려온다. 대한민국에서 SAT 과외를 받기 위해서란다. 해괴한 일 같지만 그럴 만한 이유는 분명하다.

언론에서 취재한 바도 있다. 한국에 와서 미국 SAT에 대한 사교육을 받으면 평균적으로 상당한 점수를 더 받는단다. 덕분에 미국의 대입 수험생들이 한국으로 거꾸로 유학을 오는 것이다.

이 정도면 짧은 시간에 점수만 올리는 교육에 관한 한 정말 자부심을 가져도 될 것 같다. 자기 나라뿐 아니라 남의 나라, 그것도 초강대국 미국의 시험 체제까지도 교란시킬 능력이 있다는 점은 증명이 되고도 남으니까.

우리 교육만 엉망이면 국제경쟁력에 문제가 생길 수 있으니, 미국 교육까지 망쳐 놓자는 작전이라고 해야 하나? 이러한 현실을 두고 '우리는 미국 교육을 굴복시킨 위대한 민족'이라고 자축이라도 해야 할까?

대한민국에서 대학 입학시험을 위한 공부라고 하면 이것은 단순히 대학에 들어가기 위한 공부라는 차원이 아니다. 초등학교, 더 나아가서는 유아 교육에서부터 출발해서 고등학교까지의 전 과정의 공부라고 해야 한다. 좋은 대학 가는 데 성공한 '우수한 학생'이란 결국 이런 식으로 시험을 잘 본 아이들이란 이야기다.

그 내용이 이런 식이라면 결국 대학 이전의 과정에서 시킨 교육을 통하여 고급 인재 만드는 것은 애초부터 기대하기 어렵다. 더 나아가 인재를 키울 싹마저 잘려 버리는 것 아니냐는 말까지 나올 법하다.

사교육을 잡겠다고?

대한민국 교육의 문제점을 이야기할 때에 빠지지 않고 등장하는 주제가 '사교육'이다. 대한민국 학부모들 등골 빠지게 해서 외국으로 이민 가고 싶게 만드는 주범이니 당연하다. 매년 수십조 원의 돈이 들어가는 시장이 생겼다고 하니 국가적으로 큰 부담인 것도 틀림없다.

그런데 이 정도라면 지금까지 지겹도록 들어온 내용인데 뭐 하러 또 끄집어내느냐고 할 법하다. 하지만 그동안 그렇게 많이 '사교육비' 문제가 사람들 입에 오르내리면서도 희한할 만큼 언급되지 않은 문제가 있다. 여기서 그 문제를 근본부터 따져 보고자 한다.

대한민국에는 '불법과외'라는 것이 있다. 쉽게 말해서 법으로 정해 놓은 범위를 벗어나면 학생이 공부를 더하겠다는 것도 처벌을 받게 된다는 뜻이다.

그런데 여기서 한번 생각해 보자. 제 돈 들여서 공부 더하겠다는데, 그걸 경찰이 나서서 잡아가는 나라가 세상에 대한민국 빼놓고 또 있나? 조금만 생각해 보면 해괴한 현상이라는 점을 쉽게 알 수 있는데도, 교육 전문가들이라는 자들이 벌였던 그 많은 토론에도 이런 문제가 등장해 본 적이 거의 없다.

왜 그래야 했을까? 무리도 아니다. 이 점을 들추게 되면 대한민국 교육의 흉측한 점이 다 드러나게 된다. 우선 '불법과외'라는 것을 정하고 이를 처벌한다는 것 자체가 대한민국 교육이 얼마나 본질에서 벗어나 있는지를 적나라하게 보여 준다.

원칙적으로만 보자면 부모가 아이들 공부시키는 데 투자를 아끼지 않는 현상은 두 팔을 들어 환영해야 할 일이다. 지구상의 많은 나라들은 자기네 국민들이 장래를 위하여 배우고 익히지 않고 대충 사는 것을 걱정한다. 이에 비하면 대한민국은 교육열에 관한 한, 지구상의 다른 나라들에 자랑스러워해야 한다. 그런데도 이렇게 자랑스러워야 할 교육열이 무엇 때문에 잡아가야 할 대상으로 둔갑했을까?

원인은 간단하다. 교육열이 국가사회에 보탬이 되는 방향으로 작용하려면, 먼저 교육을 통한 인재양성이라는 측면이 제대로 작동을 해야 한다. 교육이 훌륭한 인재를 키워 내는 역할을 제대로 하고 있다면 사교육비가 아무리 많이 들어가더라도 별로 문제될 것이 없다.

어차피 장래에 대한 바람직한 투자일 뿐이고, 머지않은 장래에 몇 배로 회수될 테니까. 국가사회의 입장에서는 엄청난 숫자의 인원을 먹여 살려 줄 고급 인재를 다수 확보하는 셈이고, 본인이나 가정의 입장에서는 자신과 가족은 물론 주변 사람의 장래까지 개척해 줄 인재가 되는 셈이다. 이런 원칙대로만 된다면 사교육비 때문에 못 살겠다는 불평이 나올 이유도 없다.

하지만 현실에서는 이 좋은 일을 하기 위하여 부모들이 돈을 쓰겠다는데, 나라에서 잡아가겠다고 나온다. 그러면 왜? 답은 바로 나온다. 대한민국 사교육에 들어가는 그 막대한 자금은 고급 인재 양성에 별 도움이 안 된다는 이야기다. 대한민국 정부는 바로 그 점을 스스로 인정한 셈이다.

사실 우리 스스로도 공부했던 내용을 돌이켜 보면 이 문제를 깨닫는 것이 그리 어렵지 않을 것이다. 입학시험을 치르기 위해 했던 그 많은 '공부' 중 지금 나 자신의 인생과 국가발전에 도움이 되는 내용이 얼마나 되는지. 결국 그 많은 돈을 뿌리면서 했다는 '공부'라는 것이 상급학교, 궁극적으로는 대학에 가는 것 이외에는 별 쓸모가 없었다는 이야기다.

즉 교육이 제 역할을 하지 못하니까 교육열도 비뚤어진 방향으로 작용할 수밖에 없다는 것이다. 여기서 대한민국 교육이 어떻게 왜곡되어 있는지 확인할 수 있다. 원칙적으로 교육이란 사람의 능력을 최대한 개발해서 개인이나 국가사회의 장래에 도움이 되도록 해야 한다. 이런 역할을 하지 못하면 교육을 시키는 의미가 없다.

대한민국 교육은 바로 이런 원칙에 관심이 없다는 이야기다. 그저 시험 한번 잘 봐서 '좋은 대학' 들어가고 그것으로 평생 신분을 보장받는 것이 가장 중요한 목적이니 당연하다 할 수 있다.

구조가 이러니 사교육이 잡힐 턱이 없다. 출신 대학이란 단순히 어느 대학을 나왔느냐는 차원이 아니라 자신이 평생 짊어지고 다녀야 할 신분 구실을 한다. 이러한 신분이 결정되는 마당에 물불을 가릴 수가 없다.

이런 구조를 만들어 놓고, 여기에 적응해 보겠다고 악을 쓰는 사람들의 뒤통수를 치는 것이 바로 '불법과외금지'라는 정책이다. 하지 않을 수 없도록 만들어 놓고 걸리면 공권력을 동원해 잡아가겠다는 식이다. 국민에 대한 기만행위라고 해도 지나친 말은 아닌 것 같다.

그래 봤자, 인생과 가문을 걸고 사교육에 기댈 수밖에 없는 사람들을 다 잡아낸다는 것도 불가능에 가깝다. 그러니 그렇게 과외를 단속한다고 정책을 만들어도 제대로 질서가 잡힐 리가 없다.

사실 이런 정책이 나왔다는 자체가 상당히 의미심장하다. 아직도 사교육비 문제가 나오면, 불법과외를 시켜야 하느니, 허용해야 하느니 하는 차원의 문제에만 매달릴 뿐이다. "교육을 어떻게 개인과 국가 발전에 제대로 작용하게 해야 하는가"라는 본질적인 문제에 대해서는 말을 꺼내려 하지도 않는다. 한마디로 말해서 근본적인 문제에 대해서는 관심조차 두지 않으려 한다는 이야기다.

사교육비 때문에 '못 살겠다'는 아우성은 나오고, 자신들의 기득권을 포기해야 할 정책을 취할 수는 없으니, 편법으로 내놓는 정책에 불과하다는 것이다. 하지만 이런 의미를 깊이 생각하는 경우는 별로 없다.

왜 이렇게 될 수밖에 없는지 시사해 주는 대목이 있다. 교육정책은 대부분 '좋은 대학' 출신들의 손에 놀아난다. 그들이 자신들의 기득권을 만들어 준 체제를 근본적으로 바꾸려고 할까? 일부 그런 사람들이 있을지는 몰라도, 사회에 변화를 줄 정도로 대다수는 아니다. 그러니 자신들의 기득권을 만들어 준 정책을 당사자들에게 스스로 알아서 뜯어고치라는 꼴이 되어 버리는 것이다. 아무리 기다려도 근본적인 변화가 있을 것 같지 않은 이유다.

인재를 키우기보다 낙오자를 만들어라!

어떤 사람은 이런 말도 한다. 대부분의 대한민국 청소년이 입학시험을 위한 공부만큼 열심히 하는 것도 없다. 그러니 무슨 공부를 했건 그렇게 열심히 노력을 했으면 최소한의 역할은 할 것 아니냐는 것이다.

하지만 입학시험을 보는 이유만 제대로 짚어 보아도 그게 그렇지 않을 수 있다는 점은 금방 느낀다. 대한민국의 대학 입학시험이 무엇을 추구하는지 본질을 보여 주는 사태가 몇 년 전인가 있었다.

대한민국에서 사교육이 문제가 된 근원적인 이유 중 하나는 학생들이 배워야 하는 내용이 너무 어렵다는 것이다. 그래서 한때 이에 대한 대책이 제시된 적이 있었다. 입학시험 문제를 '교과서 위주'이면서 '다음 과정을 배우는 데 꼭 필요한 내용 위주'로 내면 굳이 사교육 없이도 좋은 대학 갈 수 있지 않겠느냐는 발상이었다.

이전에 '학력고사'라고 부르던 시험을 '수학능력시험(수능)'으로 바꾸게 된 발상도 여기에 있는 것으로 알고 있다. 학생의 능력을 '얼마나 아느냐'보다 '대학에 들어가서 가르치는 내용을 배울 수 있는 능력이 있느냐'에 초점을 맞추어 평가하겠다는 뜻을 대학 입학시험의 명칭에 반영했다는 것이다.

원칙만 보자면 정말 훌륭한 선택이다. 쓸데없이 어려운 공부를 시켜서 학생들 고생시킬 일도 없고, 그러니 큰 돈 들여 사교육을 할 필요도 줄여 주었으니까. 그렇게 해서 어느 해 수능시험을 이와 같은 발상을 바탕으로 출제해 보았다.

결과가 어떻게 나왔을까? 결론부터 말하자면 난리가 났다. 높은 점수를 받은 학생들이 엄청나게 쏟아져 나왔기 때문이다. 학생들이 점수 잘 받은 것이 무슨 문제냐고?

이른바 '변별력'이 없다는 것이 문제다. 쉽게 말하자면 이런 뜻이다. 입학시험을 치르는 근원적인 목적은 학교가 받아 줄 수 있는 인원은 제한되어 있는데, 들어오고 싶어 하는 학생은 많으니 점수 경쟁을 시켜 나머지를 잘라 내겠다는 데에 있다.

극단적으로 모든 학생이 만점을 받아 버리면 남는 인원을 잘라 낼 방법이 없는 것이다. 그러니 점수 차이가 나야 뽑는 쪽에서 편하다. 자연스럽게 뽑는 쪽에서는 점수 차이가 나게 하는 데 집착할 수밖에 없다.

이 간단한 사실만 확인하면 대한민국 학생들이 무엇 때문에 쓸데없이 어려운 공부를 하느라 고생해야 하는지에 대한 답도 나온다. 동시에 사교육을 시킬 수밖에 없는 이유에 대한 답도 된다.

대한민국 중·고등학생들이 배우는 내용 중 상당 부분은 외국의 대학 과정에서나 가르치는 것이다. 확인하기 어렵지도 않다. 박사학위까지 가진 부모라 하더라도, 아이가 초등학교 고학년 즈음이면 자기 전공 이외의 분야를 가르치는 데 부담을 느낀다. 중·고등학교 즈음이 되면 대부분의 부모가 슬슬 포기하기 시작한다. 그만큼 아이들 배우는 내용이 어렵다.

중간에 외국에 가면 금방 티가 나는 분야도 있다. 특히 수학이 그렇다고 한다. 국내에서 수학을 못 한다고 그렇게 구박받던 동생이 고등학교 때 미국에 초빙교수로 초청받았던 부모님을 따라가게 되었다. 그런데 현지에서는 영어도 제대로 못하는 아이가 수학에서는 천재 대우를 받았다. 미국 고등학교에서는 자기가 어릴 때 배웠던 내용을 복습하는 수준이었으니까. 이를 계기로 결국 수학교사가 되었다.

대한민국에서는 왜 이렇게 어려운 내용을 가르치려 할까? 다른 나라보다 더 어려운 내용을 가르쳐 교육 경쟁력을 확보하려 한다고 생각한다면 정말 속없는 발상이다. 학교에서 청소년들에게 그 나이에 맞지 않는 내용을 가르치면 일부 천재성 가진 학생들을 제외하고는 제대로 이해하지 못하는 것이 정상이다. 심지어 가르치는 교사들까지도 내용을 모르는 경우도 있다.

필자의 전공인 역사를 예를 들어 보자. 대체로 역사 분야의 마니아들을 대상으로 책을 썼던 필자가 고대사에 대한 쉬운 개설서를 써 본 적이 있다. 그 계기를 만들어 준 사람이 바로 현직 고등학교 교사였다. 한때 같은 대학원에 몸을 담았던 교사를 우연히 만난 자리에서 나름대로 충격적인 고백을 받았다.

자신도 석사학위까지 있음에도 불구하고 도대체 교과서 내용을 어뚱게 가르쳐야 할지 모르겠고, 당국에서 교사들에게 주는 교사용 참고서조차 별 도움이 되지 않는다는 것이었다. 특히 고대사를 가르칠 때 미치겠다고 했다. 그가 넘겨주는 자료를 보니 사실 필자보고 가르치라고 하더라도 난감했을 정도였다.

대한민국 청소년들이 배우는 내용 전부는 아닐지라도, 상당 부분이 이런 식이다. 배우는 내용이 어렵더라도 필요한 것이라면 어쩔 수 없겠다. 하지만 이렇게 공연히 어렵게 만들어 버린 것을 배워야 하는 사태는 별개의 차원이다.

그런데도 왜 이렇게까지 어렵게 만들어서 가르치려 할까? 해답은 오히려 간단한 곳에 있다. 대부분의 나라에서처럼 대학 과정에서 배우는 데 꼭 필요한 내용만 가르친다면 대한민국 수험생들은 엄청난 숫자가 만점을 받아 버릴 수 있다. 대한민국 청소년들만큼 공부하는 나라도 별로 없으니까.

즉 애초부터 대부분이 학생들이 쉽게 이해할 수 있는 내용만 가르치면, 대한민국의 풍토에서 점수 차이를 낼 방법이 줄어들어 버리는 것이다. 교육계에서는 그런 일이 일어나서는 안 된다는 분위기가 강하다.

대한민국 입시는 잘라 내는 것이 목적이다. 그렇게 사교육 때문에 나라가 망한다고 난리를 치면서도 1년치 수능 쉽게 냈다고 난리가 나는 것이 현실이다. 따라서 학생들에게 별 필요가 없는 내용이라도 어렵게 가르쳐야 하는 것이다.

즉 인재를 키우는 것보다 낙오자를 만드는 데 중점을 두고 있는 셈이다. 우스운 일이지만, 대한민국 교육은 원칙에 맞게 뭘 하려고 하면 부작용이 생길 수밖에 없는 구조라고 할 수도 있을 것 같다.

무엇 때문에 대부분의 사람들을 낙오자로 만들어야 하는지에 대한 해답을 찾기도 어렵지 않다. 흡혈귀가 지배하는 사회에서는 피를 빨리는 쪽이 빨아내는 쪽보다 훨씬 많아야 조직사회가 유지된다. 그러니까 피를 빨아내는 입장에서는 희생자들을 많이 만들어 내야 한다. 이러한 필요는 피를 빠는 쪽에 서려고 하는 일반적인 욕구와 충돌한다.

해결책은 하나다. 교육 과정 중에 계속 탈락자를 만들어 피를 빨 자격이 없다고 낙인 찍어 버릴 낙오자들을 늘려야 하는 것이다. 이렇게 하기 위해서는 탈락시켜야 할 명분이 필요하다. 그 명분이 바로 시험점수가 되는 셈이다. 이런 시스템이 장래 사회의 주인공인 학생들을 위한 것은 분명 아니다.

제대로 가르치려는 사람만 바보되는 악순환

사교육을 시킬 수밖에 없는 이유도 같은 맥락에서 나온다. 지금 중·고등학교에서 가르치는 내용 상당 부분은 대부분의 학생들이 정상적인 나이에서 배울 만한 것이 아니다. 그러니 원리를 제대로 이해시키기도 어렵다.

억지로 원리부터 이해시키려 한다면, 대부분의 학생들이 나가자빠질 수밖에 없다. 원리를 이해시키는 공부는 시킬 수도 없고, 시켜도 당장의 입시에는 별 도움이 되지 않는 것이다.

그렇게 되면 학생들이 원리 이해를 포기하는 것으로 끝이 날까? 천만의 말씀이다. 선생이 무능해서 대학 가기 어렵게 되었다고 난리가 난다. 그러니 선생의 입장에서도 취할 수 있는 방법이 뻔하다. 정상적으로 원리를 이해시키기보다, 점수 따는 요령 위주로 가르칠 수밖에 없게 된다.

공교육보다 사교육이 필요해지는 것도 이 때문이다. 공교육에 몸을 담고 있는 교사들은, 어떤 동기에서건 아무래도 원칙에 조금이라도 신경이 더 쓰이게 마련이다. 원칙에 신경 쓰지 않고 점수 따는 요령만 가르치기에는 사교육 시장에 뛰어든 강사들이 훨씬 적합하다.

사실 원칙에 충실해서 가르치려는 교사들의 입장에서는 환장할 만한 부분이 많다. 자신들도 이해하기 어렵게 써 놓은 교과서나 교사용 참고서만으로는 일단 가르치기가 어렵다. 그렇다고 열심히 연구해서 제대로 가르치자니 난감하다. 단순히 연구하기가 어렵기 때문만이 아니다.

일껏 연구해서 가르치면 "이게 입학시험에 무슨 도움이 되느냐?"라고 나오는 학생이나 학부모가 생길 것이 뻔하다. 그들의 입장에서는 '점수 따는 요령'을 배우는 것이 우선이지, 앞으로 인재가 되는 데 필요한 학문적 원리를 습득하는 일이 급한 것이 아니다.

그래서 오히려 제대로 가르쳐 보려고 노력하는 교사일수록 현장에서는 궁지에 몰리게 된다. 그렇지 않아도 안정을 원하는 경향이 강한 교사들에게 원칙에 충실하다가 곤란한 꼴 당하라고 강요하기는 무리다. 필자도 대학 입학시험을 준비하던 딸아이에게 비슷한 꼴을 당한 적이 있다.

앞에서 박사학위를 가진 부모가 자기 전공 이외의 분야를 가르치는 데 애를 먹는다고 했다. 하지만 자기 분야를 가르치려 할 때에는 정말 미칠 것 같다. 내막은 이렇다. 딸아이가 고등학교 시절, 아빠가 국사를 전공하니 가르쳐 달라고 한 적이 있었다. 시작도 주전공인 고대사부터 했으니 겉으로만 보자면 정말 적격이라고 생각할 법했다. 하지만 가르치기 시작한 지 1시간도 못 되어 퇴짜를 맞았다.

퇴짜를 맞은 이유를 돌이켜 보면 지금도 짜증이 난다. 일단 가르치려고 해 보니, 잘 아는 내용일수록 어렵다기보다 화가 치밀어서 가르치기가 어렵다. 교과서에는 설명해야 할 중간 과정을 다 빼먹는 것은 기본이고, 거짓말에다가 앞뒤도 맞지 않는 내용을 적어 놓은 경우가 많다.

가르치려고 하면 어쩔 수 없이 이렇게 형편없는 교과서대로 가르쳐야 할 상황이다. 이런 점을 미주알고주알 설명해 주었더니 딸아이가 퉁명스럽게 던져 주는 말이 정말 명언이다. 아빠가 얼마나 잘 아는지 몰라도, 자기에게 필요한 것은 정확한 역사적 사실이 아니란다. 필요한 것은 점수를 따는 요령인데, 그렇게 교과서가 잘못되었다고 지적하면 헛갈려서 어떻게 문제를 푸느냐는 뜻이 되겠다. 차라리 "이름이 봉 자로 끝나면 사회주의자니까, 그걸 바탕으로 답을 이렇게 골라라" 하는 식의 가르침이 필요하다는 이야기다.

수험생이었던 딸아이의 입장을 감안하면 공부 제대로 하지 않는다고 싫은 소리를 할 상황이 아니다. 제대로 배우라고 강요하다가 점수가 안 나오면 책임질 수도 없다. 아이 엄마부터 그런 꼴을 용납하지 않는다. 그 따위로 가르치려면 그만 두라는 말은 애 엄마 입에서 먼저 나왔으니까. 제대로 가르치려 하는 교사들이 현장에서 느끼는 고충을 굳이 물어 볼 필요가 없을 듯하다.

이렇게 교사들이 엉거주춤한 자세로 이도저도 못하는 상황에서 시간에 쫓기는 학생과 학부모가 택할 수 있는 방법은 뻔하다. 비용을 들이더라도 '점수 따는 요령을 가르쳐 주는' 족집게 과외선생이 필요한 것이다.

지금 방송에서도 적나라하게 보여 주고 있듯이, 이들이 가르쳐 주는 내용은 아무리 공부해도 입시 이외의 것에는 별 도움이 되지 않는다. 그래도 대학 가는 것 자체가 신분을 사러 가는 것이니, 교육 현장이 이런 식으로 돌아가는 데에 거부감이 없는 실정이다. 원칙에 충실하려는 교육자가 설 자리는 없다.

오도가도 못 하는 현장

대학뿐 아니라 그 아래 단계에서도 교육 현장이 점점 어려워지고 있다는 원성이 높다. 비록 제한된 경험이지만, 필자의 현장 경험을 통하여 보아도 허무맹랑한 원성인 것 같지는 않다. 교육 현장에서의 갈등은 기본적으로 가르치는 쪽에서 요구하는 것과 배우는 쪽에서 원하는 것의 격차가 클 때 심해진다. 우리 교육 현장이라고 예외는 아니다.

물론 학생들이 원하는 모든 것이 필요하다고 할 수는 없다. 그러니 한없이 제멋대로 행동하며 남에게 피해를 주든 말든 상관하지 않는 아이들까지 무조건 다 끌어안으라는 것은 무리다.

그렇지만 애초부터 학생들에게 필요한 것은 해 줄 생각이 없는 교육이라면 이 정도의 차원이 아니다. 원인은 앞서 지적했다. 대한민국 교육은 기본적으로 권력이 요구하는 대로 철저하게 적응해서 점수를 따내는 학생이 궁극적인 승리자가 되게 짜여 있다.

그러니 결국 어떻게 될까? 현장에서 가르치는 사람 자체가 권력의 앞잡이가 되어 그들이 원하는 것에 적응해서 살아남으라고 몰아 댈 수밖에 없다. 물론 적응하기 위해 죽어라고 노력해 봤자, 그렇게 해서 최후까지 살아남을 수 있는 숫자는 몇 안 된다.

애초부터 거기에 들 가능성이 없다는 점을 깨닫고 포기하는 학생이 속출할 수밖에 없다. 이렇게 낙오자로 떨어뜨릴 수밖에 없는 구조를 만들어 놓고 현장의 교육자들에게는 다 끌어안고 가라고 강요하는 식이다. 조금 더 끌고 가 봤자, 어차피 낙오자 신세를 면하기 어려운 아이들이 쉽게 따라올 리가 없다. 현장의 갈등이 커지는 것이 당연하다.

교육방송의 한 기획 프로그램에서 한 학생의 인터뷰가 의미심장한 시사를 해준다. "학교는 다 똑같다. (선생들이) 원하는 대로 안 되면 다 자르겠다고 나온다. 아무리 인간적으로 대해 주겠다고 시작한 학교라도 결국은 다 똑같아지게 되어 있다." 과연 이런 불신이 공연히 생겨났을까?

이런 구조에서는 학생들 하나하나에게 무엇이 필요한지, 그래서 무엇을 가르쳐 주어야 하는지에 대해서는 관심을 가져 주는 것 자체가 어렵다. 또 이보다 훨씬 어려운 점도 생긴다. 일껏 관심을 가져 주고 도와주어 봤자, 학생 대부분은 결국 인생의 패배자로 분류되어 버린다는 점이다.

결과가 이렇게 나오는데 현장에서 가르친 사람이 좋은 소리를 들을 리가 없다. 선생들이 참고 학생이 원하는 것은 도와주는 데에 한계가 뚜렷한 것이다.

그래서 일부 학부모들은 대책을 찾았다. 이른바 '대안교육'이라고 불리는 모양이다. 하지만 여기도 한계는 있다. 현재의 대한민국 교육 구조에서는 '대안교육'을 시키는 학생이 극히 일부로 제한될 수밖에 없다. 그렇다면 일부 학생들에게 '피난처'를 제공하는 의미는 있겠다.

문제는 피난처란 글자 그대로 일부 사람들이 험한 사태를 피할 수 있는 곳을 의미할 수 있을 뿐, 전체가 구제된다는 뜻은 아니다. 결국 이러한 대책이 파행을 만들고 있는 구조 자체를 고쳐 대부분의 학생들에게 혜택이 돌아가도록 하지는 못한다는 이야기가 된다.

또 그 다음 단계의 문제도 그대로 남는다. 학교를 다니는 이유는 단순히 학창 시절의 추억을 만들자는 뜻만이 아니다. 학교에서 배운 지식을 가지고 사회에 나아가 자신과 국가사회의 생존에 도움이 될 활동을 해야 하는 것이다.

그런데 대안교육을 받은 학생들에게는 다음 단계의 난관이 기다린다. 교육 체제는 사회 체제와 밀접한 관계가 있게 마련이다. 학생들이 졸업하고 나아갈 사회에서는 자신들의 제도권 안에서 교육 받은 사람들을 더 좋아하는 경향이 있다. 대안교육이 아무리 좋은 것이라 하더라도, 이 교육을 받은 학생들이 사회에 나아가 찬밥 신세가 된다면 개인적으로나 사회적으로 큰 의미가 없다.

기존 교육 체제에서 벗어나 보자는 대안교육이 성공하기 어려운 이유도 이 때문이다. 대안교육을 시키면 그 시절에는 기존 체제의 부작용을 피할 수 있을 것이다. 하지만 평생 혁명가로 살려 하지 않을 바에는 언젠가 기존 질서로 들어가야 한다. 그때는 기존 질서에서 벗어나 있던 시기의 공백이 발목을 잡게 된다.

어차피 그렇게 될 것이라면 뭐 하러 인생의 기반을 쌓아야 하는 청소년기에 기존 질서에서 빠져 있다가 피해를 보느냐는 말이 나오지 않을 수 없는 것이다. 결론은 뻔하다. 특정 집단에만 특권을 주도록 잡혀 있는 체제 자체를 뒤집어 버리지 않는 한, 대부분의 청소년들이 쓸데없는 고생만 하고 얻을 것이 없는 현실에서 벗어날 수 없다.

2장

고등실업자 양성소

언어장애자

대학에 가는 목적이 신분과 간판을 사러 가는 것이기 때문에, 입학하기까지 공부한 내용이 학생 자신이나 국가사회 발전에 별 도움이 되지 않는다는 점은 대충 설명이 된 것 같다. 그렇다면 대학에 가서는 비싼 돈을 쏟아부은 보람을 찾을 수 있을까?

하지만 대한민국 대학에서는 그조차도 제대로 되지 않는다. 아예 대학에서의 교육이 대학 이전의 교육보다 더 못하다는 평가가 지배적이다.

알고 보면 이런 말이 나오는 것도 당연하다. 고등학교 때까지는 그나마 기초 교육에 해당한다. 어차피 기초 지식을 다지는 것이 목적이니 머리에 억지로 구겨 넣어 지식을 단편적으로 알아도 최소한의 역할을 할 수 있다.

이에 비해 대학에서는 그런 식으로 공부하는 것이 의미가 없다. 그야말로 입체적이고 포괄적인 공부를 해야 하는 것이다. 그런데 대한 민국 대학이 이에 걸맞은 공부를 시키고 있을까? 그렇다고 자신 있게 말할 수 있는 사람이 몇이나 될지 의심스럽다.

필자도 대학에 있어 보았다. 대부분의 강사들이 고등학교 때까지와 별 차이가 없이 가르친다. 강의 방식부터가 그렇다.

선생은 앞에서 떠들고, 학생들은 그 이야기를 무슨 성경 구절처럼 받아 적고 달달 외운다. 강사가 가르친 내용을 잘 외운 학생이 훌륭한 학생이라고 좋은 학점을 받는다. 이런 식이니 교육의 마지막 과정에서조차 창의력·리더십 등 능동적으로 개발해야 하는 능력을 갖춘 인재가 키워지리라고 기대하기는 어려워진다.

대학이 사회에서 욕을 먹는 이유 중 하나다. 필자 역시 대학에서 상당 기간 역사학을 중심으로 한 인문학 강의를 맡아 온 경험이 있다. 나름대로 이에 대한 문제를 심각하게 느낀다. 우스갯소리처럼 들리겠지만, 요즘 대학생들은 '읽기, 쓰기, 말하기, 듣기' 같은 기초부터 제대로 되어 있지 않다는 점을 뼈저리게 깨닫게 된다.

초등학생도 아닌 대학생들에게 "무슨 소리냐?"고 할 사람도 많을 것이다. 내막은 이렇다. 외국어도 아닌 한글로 쓰인 글자를 못 읽는다는 뜻이 아니다. 근본적인 문제는 차원이 다르다.

대학생 수준에서 문서를 읽는 이유는 단순히 글자를 배우자는 것이 아니라, 그 문서가 말하고자 하는 의미를 이해하자는 것이다. 그런데 실컷 읽어 놓고 그 의미를 제대로 파악하지 못하면 무슨 의미가 있을까?

믿거나 말거나 상당수의 학생들이 좀 심하게 말하면 이런 수준이다. 읽는 것부터 안 되니 자기 의사를 제대로 표현하는 것은 더더욱 안 된다. 남의 말도 멋대로 듣고 멋대로 말한다. 정말 만화 캐릭터 '사오정'을 방불케 한다. 수도권의 제법 서열 높은 대학의 학생들이 이렇다.

이런 성향을 졸업 이후의 사회생활까지 끌고 간다. 그러니 고급 인재로서의 역할을 할 수 있을 턱이 없다. 사실 '사오정 시리즈'가 유행했던 것도 그만큼 의사소통이 제대로 되지 않는 세태에 대한 공감 때문이라는 해석도 있다.

사회적으로 무식한 사람을 싫어하는 근원적인 이유는 단순히 지식이 없다는 점 때문이 아니다. 아는 것이 없으면 의사소통부터 제대로 되지 않기 때문이다. 그래서 교육과 훈련을 통하여 그런 능력을 키워주라고 대학 같은 교육기관을 만든 것이다. 그런데 상당한 시간과 비용을 들였는데도 그에 걸맞은 능력을 키우지 못하면 결국 손해를 보는 셈이다.

리포트도 못 쓰는 인재

기초가 제대로 되어 있지 않으니, 다음 단계의 일을 처리하는 데에도 문제가 생긴다. 사회에서 인문사회계 대학 졸업생들에게 불만 갖는 문제를 하나 더 보자. 많은 분야에서, 대학을 졸업해 놓고도 보고서나 기획서같이 기본적인 문서 작성도 못한다는 점에 대해 불만이 있다고 한다. 내막을 모르는 사람들은 이 또한 "뭔 소리냐?"라고 할 것이다.

대학을 다니면서 '리포트'라는 것을 수도 없이 쓴다. 번역하면 바로 '보고서'다. 그토록 지겹게 써댄 리포트를 작성할 줄 모른다는 말이 그 자체로는 납득하기 어려울지 모른다.

하지만 여기서 잠시 추억을 더듬어 보자. 우리 자신들이 대학을 다닐 때, 그 리포트라는 것을 어떻게 때워 냈는지. 이 책 저 책 펼쳐 놓고 여기저기서 짜깁기한 내용을 얼기설기 엮어서 양만 채워 내지 않았던가? 양심선언(?)을 하자면 필자 역시 그런 식으로 수많은 리포트를 때워 내고 졸업장을 받았다.

세월이 많이 흐른 지금은 조금이라도 나아진 점이 있을까? 필자의 경험으로는 천만의 말씀이다. 대부분의 경우 옛날보다 더하면 더했지 나아진 점은 없는 것 같다.

예전에는 리포트를 쓰려면 그래도 책 몇 권 정도는 들춰 봐야 했다. 그에 비해 요즘에는 그조차 필요 없다. 컴퓨터를 켜서 접속만 하면 관련 자료가 쏟아진다. 아예 리포트를 써 주는 사이트까지 등장했다.

속도 모르고 요즘 학생들 정말 공부 열심히 한다고 감탄하는 강사도 있다. 짧은 시간에 전공자 버금가는 내용을 낸 것만 보면 그렇게 보이는 것이 당연할지도 모른다. 물론 열심히 했다면 한 것이다. IT 분야에 관한 공부는 열심히 한 셈이니까.

하지만 관련 분야를 놓고 보면 표절 훈련밖에 안 된다. 배우는 과정에서 이렇게 남의 것 베껴 때워 내는 버릇을 들이면 어찌될까? 요즘 표절과 재탕이 아무렇지도 않게 자행되는 꼴을 보면 바로 그 결과를 보고 있는 것 같다.

필자는 그 비리를 알기 때문에 일방적으로 리포트만 내게 하지 않는다. 발표를 시켜 그 내용을 남들에게 설득해 보라고 시킨다. 그래 놓고 보면 정말 볼 만하다. 대부분의 학생들이 자기가 '조사'했다고 하는 내용을 읽는 것이 고작이지, 그게 무슨 뜻인지 제대로 이해하지 못한다. 심지어 자기가 앞뒤 맞지 않는 소리를 해 놓고도 깨닫지 못하는 경우가 대부분이다. 이런 점 몇 가지만 지적해 주어도 충격을 받는 경우가 많다.

그렇지만 대부분의 강사들이 문제를 느끼지 못하는 것 같다. 대학 신입생인 딸아이도 그렇게 리포트를 만들어 내는 꼴을 보고 있다. 그래도 학점 잘 나오는 것을 보면 선생들이 별 문제를 못 느끼는 것 같다는 말을 해도 지나치지 않을 것이다. 대학에서 이런 식으로 공부를 시키니 사회에 나아가 적응하기가 어렵게 되는 것이 당연하다.

이런 공부나 시키자고 그 떼돈을 들여 대학이라는 곳에 보내고 있는 것이다. 졸업과 동시에 대부분의 대학생이 실업자로 전락하는 것도 따지고 보면 이상할 것이 없다. 대학에서 배운 것이 별 도움이 안 된다는 사실은 사람을 뽑는 기업에서나 취업하려는 학생이나 공통적으로 하는 소리다. 사회에서 써먹을 공부를 한 적이 거의 없으니 오히려 유능하다면 이상한 축에 들어야 한다.

수요 따로 공급 따로

요즘 청년 실업 문제가 심각한 화두로 등장하곤 한다. 그 중심에도 대학이 있다. 대한민국 청소년들 대부분이 대학으로 진학하는 현상황에서는 본격적인 취업도 대학 졸업 이후가 될 수밖에 없으니 당연한 일이다. 대학 졸업생의 상당 부분이 졸업과 동시에 실업 상태에 들어가는 현실을 보면 청년 실업에 대한 우려가 쓸데없는 걱정은 아닌 듯하다.

그런데 여기 재미있는 현상도 있다. 대학생들이 그렇게 취업할 곳 없어서 고민하는 반면, 기업이나 연구소 등에서는 쓸 만한 인재를 구하지 못해 아우성이다. 필자가 얻어들은 말 중에는 이런 말도 있다. "공고만 내면 사람이 구름떼같이 몰려오지만, 그중에서 막상 쓸 만한 인재는 없더라." 왜 이런 현상이 일어날까? 또 다른 기업인에게 들은 말이 있다. "대학이라는 곳은 쓸 만한 지식을 가르쳐 주는 곳이 아니라 고급 교양 과정 정도에 불과하다." 결국 필요한 내용을 가르쳐 줄 것이라는 기대를 못 한다는 이야기다.

더 심각한 문제도 있다. 요즘 대학생들은 대개 이른바 '스펙(specifi-cation)'을 키우기 위해 노력한다. 그 방법은 주로 어학이나 자격증을 따내는 쪽으로 선택한다. 그런데 재미있는 자료가 있다.

대학에서도 하도 졸업생들 취업이 안 되니까 그 원인을 분석해서 강사들에게 오리엔테이션을 하는 경우가 있다. 여기서 의미심장한 사실을 알려 준 적이 있다. 기업 등 취업을 시켜 주는 곳에서 원하는 요소가 무엇인지 보여 주는 자료였다.

그 자료에서는 취업을 시켜줄 곳에서 창의력, 리더십 등 학생들이 준비하는 것과 거리가 먼 요소를 원하고 있다는 내용을 보여 주고 있었다. 학생들이 주로 준비하는 어학 능력이나 자격증을 원하는 곳은 많지 않았다.

이것이 무슨 이야기일까? 대학생들은 자신을 써 줄 곳에서 별로 원하지도 않는 것을 갖추느라 그 많은 투자를 하고 있는 꼴이다.

기업 같은 곳에서 대학에 그런 자료를 흘려 넣는 이유는 명백하다. "필요한 것 좀 가르쳐 달라"는 이야기일 것이다. 뒤집어 말하면 그동안 대학에서는 사회에서 원하는 능력을 키워 주는 역할을 제대로 하지 못했다는 뜻도 된다.

어찌 보면 요즘 사회에서 원하는 능력은 대학 이외의 과정에서 키워 주기 어렵다. 고등학교 과정까지 책상에 앉아 상급 학교 진학에나 필요한 단순 지식을 딸딸 외우게 하는 교육 방식에서 창의력이나 리더십 같은 요소가 키워질 리 없기 때문이다. 그래서 자유롭고 능동적인 분위기에서 공부하는 대학 과정이 아니면 이런 요소들을 키우기 어렵다.

물론 대학에서 사회에 나가 필요한 모든 것을 일일이 가르쳐야 한다는 뜻은 아니다. 오히려 그렇기 때문에라도 대학에서는 단편적인 지식보다 전체 맥락을 파악하고 적응해 나아가는 능력을 길러 주고 훈련시켜야 한다는 이야기다.

하지만 대학에서 가르치는 사람 중 몇 명이나 이런 문제를 고민하는지 의문이다. 학생에게 필요한 것을 고민하기보다 그저 자기가 알고 있는 것을 대충 전달하면 그뿐이라고 생각하는 경우가 많다. 그러니까 대부분의 강의에서 고등학교와 대학의 차이가 나지 않는다.

그러면 이것이 무슨 이야기일까? 대학이라는 곳에서는 학생에게 필요한 것이 아니라 가르치는 사람이 알고 있는 내용을 무작정 강요하고 있다는 뜻이 된다. 무리도 아니다. 학생들을 잘 가르친다고 강사들이 얻을 것은 별로 없다.

요즘 들어 강의평가를 한다고 법석을 떨기는 하지만 실효를 거둘 만큼의 평가를 하지도 못하는 듯하다. 방법 자체가 그렇다. 적극적으로 강의평가를 한다는 학교 한 군데를 예로 들어 보자. 상위 몇 퍼센트에 사실상의 보너스인 연구비 좀 더 주고, 하위 몇 퍼센트에 강의를 의뢰하지 않는다는 정도가 고작이다.

이렇게 해 봤자, 보너스 조금 더 받자고 심혈을 기울일 필요를 심각하게 느끼지 못한다. 하위 몇 퍼센트에 들어가 잘리는 것은 큰 일 아니냐고? 사실상 큰 문제가 안 된다. 두 학기 연속으로 그래야 해당 사항이 생긴다. 그나마 인간관계 좋은 경우에는 한 학기만 쉬면 다시 그 다음 학기에 기용해 준다.

또 이 정도 강의평가를 하는 학교도 그리 흔하지 않다. 극단적으로 강의 하나 완전히 잘린다고 하더라도 그렇게까지 아쉬워하지도 않는다. 어차피 그다지 남는 장사도 아닌 시간강의에 목숨을 거는 사람도 별로 없다.

나중에 전임교수로 채용될 때에 강의평가가 결정적인 역할을 했다는 경우는 듣도 보도 못했다. 전임교수 채용같이 중요한 때에 학생들의 강의평가를 반영하는 방법도 있지만, 여러 가지 부작용이 예상되어 적극적으로 나서지도 못한다. 그러니 많은 강사가 강의보다 연구업적 쌓기나 인간관계 개선에 더 신경을 쓸 수밖에 없다. 이나마 전임교수에게는 해당 사항이 없는 경우가 대부분이다.

뭐 하러 힘들게 가르치나

앞서 언급한 대학의 서열화도 제대로 된 개혁을 하기 어렵게 만드는 원인이다. 서열 없이 경쟁이 된다면 제아무리 국가를 등에 업고 압도적인 지원을 받는 국립대학이라 하더라도 부실한 교육으로 형편없는 능력의 졸업생을 배출해 가지고서는 오래 버티기 어렵다.

하지만 대한민국 대학에서는 그렇게 심한 부실에도 불구하고 이 문제가 심각하게 부각되지 않는다. 사회적 편견이 중요한 원인인 것 같다. 좋은 대학을 나왔다고 하면 실제 그 사람의 능력은 보려고도 하지 않고 무조건 실력 있는 사람으로 대우를 해 준다.

필자가 몸담고 있는 학계에서부터 그런 경향이 특히 심하게 나타난다. 가까운 전공을 놓고 보자면 제일 좋은 대학 출신들 중에서는 '실력 있는 자'는 고사하고 '제 정신 있는 자'를 보기도 어렵다. 그런데도 이해할 수 없는 현상을 20년이 넘게 보아 왔다. 주변에서는 "좋은 대학을 나온 아이들이 역시 실력이 있다"라며 치켜세우기 바쁘다.

"도대체 뭐가 실력이 있느냐?"라고 반문하는 필자가 미친 놈 취급 받기 십상이다. 하긴 이 책을 비롯해서 필자가 좋은 대학 출신들의 문제점 지적에 열을 올린 이유 중 하나도 여기에 있다. 그자들이 해 놓은 짓을 꼬치꼬치 따져서 내놓고 한번 시비를 가려 보고 싶었다. 필자가 틀렸다면 언제든지 펜을 꺾을 용의가 있다.

그렇지만 거의 20년 동안 필자에게 시비 걸린 좋은 대학 출신 치고 제대로 반론해 오는 자는 없었다. 10년 넘게 도망 다닌다고 비난을 퍼부어도 필자를 피해 다니기 바쁜 꼴을 보면 마음 놓고 실력 없다고 비난해도 무방할 것이다. 그런데도 주변 사람들의 이해할 수 없는 칭찬 릴레이는 요즘에도 계속되고 있다. 적나라하게 말하자면 편견이라기보다 힘 있는 집단의 눈 밖에 나기 싫어 붙어 먹기 위한 칭찬을 늘어놓는 경우도 많은 것 같다.

이러니까 학교에서 제대로 교육시킬 필요를 느끼지 않는다. 어차피 대충 가르쳐 내보내서 바보짓을 하고 다녀도, 학교 이름만 보고 우수한 인재 대우를 해 준다. 열심히 가르칠 필요성을 느낄 리가 없다. 부실하게 교육하여 형편없는 수준의 졸업생을 배출하는 데에 부담을 느끼지 않는 것이다.

반대로 별로 좋지 않다는 대학 출신들은 그야말로 죽을 맛이다. 아무리 노력해서 실력을 쌓아 보아도 학교 이름만 보고 상대도 해 주려 하지 않는다. 인재 확보를 못 하면 곤란한 기업조차도 지방대학 출신이라면 암암리에 무조건 원서를 빼놓는다는 말까지 돈다.

대학 들어가는 순간에 이미 인생의 승부가 나 버린 셈이다. 그러니까 수단과 방법을 가리지 않고 들어가는 데에만 신경을 쓸 뿐, 그 이후를 생각할 필요가 없다. 기본적으로 대학을 다니는 목적이 '신분 얻기'이기 때문에 배우는 사람의 입장에 상관없이, 가르치는 측에서는 무엇을 어떻게 가르쳐야 학생들이 사회에 나아가 인재로서의 역할을 할까에 대해서는 깊이 생각하지 않는다.

그러니 대학에서 잘 가르칠 필요성을 느끼지 못하는 것이 당연할지도 모른다. 사회에 진출해서 필요하건 말건 상관 않고 자기가 잘 아는 것만 그것도 두서없이 학생들 머릿속에 구겨 넣고 마는 경우가 태반이다. 학생들이 필요한 것은 알아서 공부하라면 그만이고.

대학을 졸업하는 과정이 별로 중요하지 않은 것도 당연하고, 그래서 놀면서 다니는 곳으로 유명했던 것이다. 이런 풍조를 만들어 놓고 대학에서 교육 잘할 것을 기대하는 것 자체가 우습다.

겁나는 대졸자들

그렇다면 대학에서 어떤 수준의 인재를 쏟아 낸다는 이야기가 될까? 인력을 관리하는 기업 간부가 이런 말까지 했다고 한다. "1980년대 데모나 했던 학생들이 차라리 낫다." 얼핏 생각하면 이해가 되지 않는 말일 것이다. 필자가 바로 그 시대에 대학을 다녔다.

1980년에는 학교가 아예 문을 닫아 버리는 바람에, 이른바 '80학번'은 날림으로 수업일수만 채우고 신입생 시절을 끝내야 했다. 그 이후에도 걸핏하면 벌어지는 시위 때문에 수업에 지장을 받기 일쑤였다. 학교에 최루탄 냄새가 가시거나, 강의실 여기저기 유리창이 깨져 있지 않은 날이 오히려 이상한 날이었다. 도서관에 잘못 들어갔다가는 시위대와 경찰이 대치하는 바람에 집에 가지도 못하는 사태를 각오해야 했다.

차분하게 공부에 집중할 환경이 되지 못했다. 그러니까 공부했던 양으로 본다면 형편없는 것이 당연했다. 반면 이런 상황을 달나라 이야기쯤으로 듣는 요즘 대학생들은 열심히 공부할 환경을 갖춘 셈이다. 그런데도 1980년대 학번이 낫다?

이유는 이렇다. 그때 학생들은 최소한 자신이 어떻게 살아야 하는지 고민이라도 했다. 그래서 상황에 따라 능동적으로 생각하고 움직이기라도 한다는 것이다. 반면 요즘 졸업생들은 일을 시키면 얼굴만 쳐다본단다. 어떻게 해야 할지 가르쳐 달라는 뜻일 것이다. 이렇게 일일이 챙겨 주려면 일을 시키는 것보다 시키는 사람이 직접 해 버리는 편이 낫다.

사정이 여의치 않아 일을 맡겨 놓으면 항상 불안하다. 그나마 불안으로 끝나면 다행이다. 기어코 사고라도 치는 날이면 정말 끝장이다. 요즘 직장에 "신입사원에게 일을 시키기 겁난다"는 말이 있다.

내막을 알고 보면 십분 이해가 간다. 무슨 말을 해도 제멋대로 생각하고 제멋대로 행동하며 일처리를 하면 십중팔구 사고로 연결된다. 일단 사고가 터지면 이유가 어떻든 그 피해는 주변 사람들도 같이 입기 십상이다.

이런 일을 치르느니 차라리 일을 시키지 않는 것이 편하다는 뜻이다. 바꾸어 말하면 인재 양성의 마지막 단계에서 쓸모가 없다 못해 겁까지 나는 인력을 키워 낸 꼴이 된다. 취직이 되지 않는다고 불만이 많지만 입장을 한번 바꿔 보자. 고용주의 입장에서 비싼 연봉을 주며 사람을 뽑아 놓고도 제대로 부려 먹지 못하는데 그런 사람을 많이 뽑으려 할까?

대한민국에서 가장 잘 나간다는 재벌 총수 한 분이 이런 말을 했다고 한다. "가장 필요한 사람은 전문적인 능력을 가진 1류 인력이다. 기초 작업만 할 수 있지만 임금이 싼 3류 인력도 쓸 데가 있다. 가장 쓸모가 없는 것이 제대로 할 수 있는 것도 없으면서 몸값만 비싼 2류 인력이다." 이런 분류대로라면 대한민국 대학은 가장 쓸모없는 인력을 키워 내는 꼴이다.

대학이 제대로 돌아가지 않으면 바로 이런 2류 인력을 쏟아 내게 되어 있다. 제대로 할 줄 아는 것은 거의 없으면서 모든 문제를 아는 척하고, 대학을 졸업했다고 대우해 달라는 말만 많은 인력. 고급 인력이 수십만 명씩 부족하다는 대한민국에서 대졸 실업자가 넘쳐흐르는 원인이 무엇인지 아직도 궁금해야 할까?

사정을 잘 모르는 다른 전공에 대해서 왈가왈부할 생각은 없다. 그래도 필자가 몸담았던 역사학과에서는 직접 보고 듣고 깨달은 바가 있으니 여기에 대해서는 자신 있게 말할 수 있다.

대학 4년 동안 역사학을 열심히(?) 배우고 졸업했다는 사람들 중, 사회생활을 하면서 대학에서 배운 것이 큰 도움이 되었다는 사람은 본 적이 없다. 하다못해 출판사에 취직해서 역사 관련 책을 내는 데조차, '역사학과'를 나왔다는 사실이 전혀 도움이 되지 않는다는 푸념을 직접 들은 바 있다.

간단한 역사 정보를 입력시키는 기본 작업만 하더라도 학부 졸업자를 시킬 수 없어 최소한 석사급 이상의 인력을 써야 한다. 한 달 100만 원도 되지 않는 속칭 '알바'급 일인데도 그렇다. 대학을 졸업하고도 이렇게밖에 못 된다면, 결국 대한민국 대학은 '고등실업자 양성소'로서의 역할을 충실히 수행하고 있는 셈이다.

양산되는 난독증 환자

그렇다면 비싼 대학 교육을 받고도 글을 읽고 무슨 뜻인지 모르고 말이나 글로 자신의 뜻을 표현할 줄도 모르는 학생들이 양산되어야 할까? 예전에 비해 어렸을 때부터 양적·질적으로 다양하게 지적 능력을 개발한 요즘 학생들의 지능이 특별히 떨어져서 그럴 리는 없다. 그러면 무엇 때문에 그럴까?

이 점은 학생들이 하고 있는 '공부'라는 것이 어떤 형태인지 들여다보면 쉽게 찾을 수 있다. 앞서 몇 가지 사례를 이야기했듯이, 대한민국 학생들은 정해진 답을 찾아내는 것을 '공부'라고 여기며 청소년 시기를 보낸다.

인생의 중요한 시기에 사고방식이 이런 식으로 굳어지면 맹점이 생긴다. 바로 시험을 내는 측에서 일방적으로 주어진 답이 틀릴 수도 있다는 생각을 떠올리기 어렵게 된다는 점이다.

새들이 알에서 깨어날 때 들은 소리를 무조건 어미의 소리로 간주하는 것처럼 사람도 처음 배웠던 정보에 집착하게 되는 경향이 강한 것이다. 쉽게 말해서 '편견'에 사로잡히기 쉽게 된다는 이야기다. 이 성향이 난독증(難讀症)을 일으키는 원인과도 직결된다. 자기가 알고 있는 '상식과 진리'에 매몰된 나머지, 모든 사실들을 여기에 끼워 맞추어 해석하게 된다.

어느 드라마에서 "상식이 통하는 사회를 만들어야 한다"라는 대사가 명대사로 꼽히기도 했다. 하지만 여기도 비슷한 맹점이 있다. 자기가 알고 있는 것만 '상식'이라고 우기는 사태로 연결되면 상식이 통하지 않는 사회보다 더 끔찍해질 수 있다는 점을 간과한 것이다. 편견에 사로잡힌 사람은 남의 말도 자신의 편견에 맞추어 해석하게 된다. 뭐든지 제멋대로 듣고 제멋대로 생각하는 버릇도 근원적으로는 여기에서 나온다.

필자가 블로그를 운영하면서 겪은 경험이 이 경우에 맞는 좋은 사례가 될 것 같다. 얼마 전 블로그에 그동안 연구해 왔던 분야와 관련되어 필자가 오해나 오류로 인하여 잘못된 내용을 책에 썼다는 글이 올라온 적이 있었다.

뭐가 잘못되었는지 검토하다 보니, 그게 그런 게 아닌 내용이었고 심지어 하지도 않은 말까지 멋대로 만들어져 올라와 있었다. 반론을 올리니, 일부는 스스로 자신들의 실수를 인정하면서 스스로 난독증 때문이라고 하는 경우도 있었다.

여기까지만 보면 "요즘 사람들이 남의 글을 읽고 이해하는 능력이 부족해서"라고만 생각하고 말아 버릴 수 있다. 그런데 글의 내용을 살펴보면 그게 그런 것 같지가 않다. 그들이 올린 글만 보면 "정말 그렇겠구나" 싶을 정도로 절묘하게 편집을 잘 해서 논지를 전개시켜 놓았다.

글자 그대로의 난독증이라면 이렇게 논리 정연한 글을 쓸 수 있을까? 단순한 실수로 일어난 사태라고 보기 어려울 것이다. 물론 마음먹고 왜곡을 시켰으면 별개의 문제겠으나, 실수를 쉽게 인정하는 점으로 보아 그런 것도 아니다. 그렇다면 어떻게 해서?

원인은 바로 편견 때문이다. 그들이 올린 내용은 이전부터 마음먹고 거짓말을 했던 교수들의 이야기를 거의 그대로 옮기다시피 했던 것이다. 그들 대부분은 순진하게 좋은 대학을 나와 교수까지 된 사람이 치졸한 말장난으로 되지도 않은 논문을 쓸 수 있다는 생각을 하기 어려웠던 것 같다.

그래서 그 교수들이 되지도 않은 비난을 퍼부어 놓은 원본을 보면서도 머릿속에 심어진 편견 때문에 엉뚱하게 읽어 버린 것이다. 평소 언행을 자주 볼 뿐 아니라, 당사자의 눈치를 볼 필요가 없는 입장에서 보면 쉽게 눈에 뜨일 내용을 두고, 이렇게까지 엉터리로 이해하게 된 셈이다.

이렇게 보면 블로그에 글을 올린 이들은 '난독증 바이러스에 감염된 피해자'일 뿐이라고 해도 좋을 듯하다. 원흉은 그 바이러스를 만들어 내고 주입한 작자들이다. 그런 짓을 하는 원흉이 누구인가?

베껴먹기를 비롯한 흉측한 수법으로 연구 업적을 조작해 놓은 교수들이 자신들의 치부를 감추기 위해서, 또는 자신의 치부를 알아보는 사람들을 매장시키기 위해서 만들어 내는 경우가 많다. 이런 바이러스는 교육이라는 이름으로 학생들에게 주입되고, 아무것도 모르는 학생들이 마치 좀비 바이러스를 퍼뜨리는 것처럼 세상에 전파시키는 것이다.

이렇게 교육을 받은 학생들이 사회에 나와 일을 하게 될 때에 어떤 사태가 벌어지는지 굳이 더 설명할 필요가 있을까? 신입사원에게 일을 시키기 겁날 수밖에 없는 중요한 이유 하나를 보여드리는 데에 충분한 사례일 것 같다.

투자 안 해도 될 핑계

대학의 3대 요소 중 하나로 꼽힐 정도로 중요한 것이 도서관이다. 그래서 행세하려는 대학일수록 좋은 도서관을 가지려 한다. 그런 대학들이 도서관 증축과 확장·정비에 나서는 것은 매우 좋은 일이다. 적어도 이 현상만큼은 밝은 측면이다.

문제는 이 도서관이 누구를 위하여 지어진 것이겠느냐는 점이다. 말하나마나 교수와 학생을 위하여 지어지는 것이다. 그런데 당사자들은 큰 돈 들인 보람을 느낄 만큼 이용하고 있을까?

여기서 교수들은 일단 제외한다. 개인 차이가 너무 커서 전체적으로 이렇다 저렇다 하기가 곤란하다. 허구한 날 책과 씨름하는 사람부터 책 근처에도 가지 않는 사람까지 너무나 다양하니까. 또 우리나라 교수들은 워낙 책 욕심이 많은 사람이 대부분이라서 도서관에 갈 필요를 느끼지 못할 만큼 집에 책을 쌓아 놓는 경우가 많다. 따라서 교수들의 도서관 이용률로 시비를 걸 상황이 못 된다.

그렇지만 숫자가 훨씬 많은 학생들은 오히려 뚜렷한 성향을 보인다고 한다. 취업에 도움이 되는 특정 분야와 소설류 약간 이외에는 도서관 이용이 저조하다는 보도가 있었다. 전공에 관한 책은 수업 때문에 사 버리거나 리포트를 쓸 때 잠깐 빌려 보는 정도란다. 주변을 둘러보아도 크게 틀린 말 같지는 않다. 당장 대학 신입생인 딸아이부터 그러니까.

최근 한 지방 대학에서는 "적극적인 독서문화 진흥 노력에도 불구하고, 학우들의 도서관 이용률은 그에 따라가지 못하고 있는 실정"이라는 푸념까지 보도되었다. 도서관에 어떤 시설들이 있는지 잘 모르는 학우들이 태반이며, 때때로 2·3학년이 돼서도 학교 도서관에서 책 한 번 빌려 본 적 없다는 학우들을 만나기도 한단다.

이런 현실은 인재 양성이 제대로 되지 않는 이유와 직결된다. 도서관 이용이 저조하다는 것은 바로 능력 개발을 위한 트레이닝이 제대로 이루어지지 않는다는 의미가 되기 때문이다. 대학에서 주로 길러 주어야 하는 능력은, 대부분 처리해야 할 주제에 대해 자료를 수집하고 분석해서 다른 사람들을 설득할 수 있을 만큼 정리하는 훈련을 통하여 길러진다.

원래 도서관은 각 분야마다 필요한 자료를 보관하고 활용하는 곳이다. 어떤 분야이건 중요한 일을 기획할 때에는 관련된 자료를 검토해야 한다. 리포트를 쓰게 하는 것도 이런 일을 할 때 필요한 자료를 조사하고 분석해서 설득력 있게 구성하여 결론을 짓는 훈련을 시키자는 의미가 크다.

따라서 가장 기본적인 자료 수집을 위해서만 해도 도서관을 이용하지 않을 수 없는 것이다. 즉 도서관 이용률이 적다는 의미는 그만큼 기초적인 훈련조차 제대로 이루어지지 않는다는 의미와 통한다.

그럴 만큼 요즘 학생들은 도대체 무엇 때문에 엄청난 자금을 들여 건물을 짓고 책과 자료를 쌓아 놓는지 알지도 못하는 경우가 많다. 도서관에서 자료 한번 제대로 찾아보지 않고 졸업하는 경우까지 흔하다. 도서관이라고 하면 시험 때 자리 잡고 앉아 시험공부나 하는 곳 정도로 인식하는 것이 고작이다.

이런 성향은 악순환을 불러일으킨다. 요즘 학생들은 학교에 이것저것 요구하는 것이 많다. 그런데 도서관을 확장해 달라는 말은 들어 본 적이 없다. 오히려 도서관을 크게 지어서 등록금 올릴 핑계를 만드느냐고 볼멘소리를 하는 장면은 많이 보았다. 학생들이 무슨 공부를 어떻게 하는지 강력하게 시사해 주는 대목이다.

도서관 확장 요구와 헛갈릴 수 있는 요구는 있다. 무슨 고시 같은 것을 준비할 수 있는 공부방은 늘려 달라고 한다. 이러한 요구는 대학 도서관을 어떻게 이용하려는지 그 심리를 보여 준다. 자료를 모아 두고 이용하는 곳이 아니라 고시원 같은 곳으로 생각한다는 뜻이다.

이런 공간이 대학의 역할을 제대로 하게 해 주는 곳은 아니다. 그럼에도 이러한 행태가 되풀이되는 이유는 뻔하다. 장래에 필요한 능력을 능동적으로 개발하기보다 당장의 시험이나 때우고 취업하는 것이 근본적인 목적이라는 뜻이다. 대학은 그냥 졸업장만 받으면 그만인 곳이고.

당사자들이 이렇게 필요성을 느끼지 못하는데, 공연히 학교 내실을 다진다고 나서서 투자하기가 어렵다. 투자하기 싫은 쪽에는 좋은 명분이 되는 셈이다. 악순환이란 대개 이렇게 생겨난다.

학생들 괴롭히며 생색내기

요즘은 놀면서 졸업하는 꼴을 보기 싫다고 대학생들에게 닦달하는 경향이 있다. 그래서 각 과목마다 시키는 것, 요구하는 것이 늘어나는 모양이다. 학점 역시 '상대평가'를 하라고 해서, 강사들도 예전처럼 인심이나 얻자는 심리로 좋은 학점을 깔아 줄 수도 없다.

이러한 사정을 보면 예전처럼 "놀면서 졸업한다"라는 말을 들을 만큼 낭만적인 시대는 아니다. 그래서 요즘 대학 신입생들은 '고등학교 4학년'이라는 말까지 듣는다. 그렇다면 대학이 제 기능을 하는 단계에 접어들었다고 할 수 있을까?

내막을 들여다보면 그런 것 같지 않다. 인재를 만들기 위해서는 무엇을 공부시키느냐도 중요하지만 그에 못지않게 어떻게 시키느냐는 점도 중요하다. 얼마 전 대학 신입생이 된 딸아이도 엄청 바쁘다며 난리를 친다. 걸핏하면 리포트에, 주기적으로 돌아오는 시험을 치르라고 눈코 뜰 사이가 없다는 것이다.

그렇지만 이렇게 힘들게 공부하는 내용 상당수가 장래에 도움이 될 만한 내용인 것 같지는 않다. 리포트를 쓰는 꼴만 보아도 짐작할 수 있으니까 그리 심한 말은 아닐 것이다.

그렇다면 학생들을 바쁘게 '뺑뺑이 돌리는' 발상은 무엇일까? 지금 돌아가는 꼴을 보면 군대 지휘관들이 입버릇처럼 하던 말이 떠오른다. "쫄다구들은 그저 굴리는 게 최고다. 그래야 딴 생각 못하고 사고를 안 친다."

군대는 이런 식으로 돌아가도 그만일지 모른다. 어차피 인재를 키우자고 만든 조직은 아니니까. 그저 정신없이 '굴려서' 시간 때우고 내보내면 지휘관 할 일 했다고 생색내도 그만일 수 있다.

하지만 인재를 키워야 하는 대학에서 그래도 될까? 자기가 무엇 때문에 무엇을 하는지도 모르면서 시키는 것이나 채워 내고 졸업한 학생들이 이후 어떻게 행동할지는 '안 봐도 비디오'다.

공부를 이런 식으로 시키면서 "열심히 공부시켰다"고 생색내는 것이 무슨 의미인지는 뻔하다. 그저 면피나 하면 그만이라는 발상인 것이다. 이런 식으로 키워 낸 인재들이 '일 시켜 주는 사람 없는' 높은 자리에 올라가면 어떻게 될까?

교수사회가 그 해답을 적나라하게 보여 준다. "논문 쓸 거리가 없다"며 한숨 쉬는 작태가 그 전형적인 행태다. 전문가에게 자기 분야에 대한 애정은 기본이다. 자기 분야에 대한 말만 튀어나오면 자다가도 눈이 번쩍 뜨여야 하는 것이 정상이다.

그러니 기본적인 애정만 있어도 하고 싶은 연구거리가 샘솟듯이 나와야 제대로 된 전문가다. 그러니까 연구할 거리가 없다는 말은 애초부터 "염불보다 잿밥에 관심 가지고 해당 분야에 뛰어들었다"는 말밖에 못 되는 것이다. 그런데도 연구할 거리가 없다는 소리나 할 거면 뭐 하러 전문가의 길로 접어들었는지 모를 일이다.

"묻지도 따지지도 말고 시키는 공부나 하라"는 발상은 결국 이런 자들을 인재라고 키우게 된다. 필자도 내 아이들 교육에서는 이런 체제에서 벗어나 보고 싶었다. 그러려고 아이들이 어렸을 때 잠시나마 외국에 유학이라도 보내려는 시도를 해 보았던 적이 있었다. 그 과정에서 겪은 경험은 신선한 충격이었다.

사실 별 능력을 보이지 못한 아들 녀석이 전해 온 말은 불평이었다. "자기는 말썽 없이 조용히 지내면서 시키는 대로 잘 하는데, 선생님이 별로 좋아하지 않는다"라는 내용이었으니까. 그러니 점수도 잘 받지 못하는 것이 당연했다.

이유는 간단했다. 학업에 적극성이 없다는 것. 교육 선진국이라 불리는 곳에서는 선생들의 가치관부터 달랐다. 시키는 것이나 잘 하는 '한국적 모범생'은 잘해야 가르쳐 준 것밖에 못하는 2류 인력이 되기 십상이다. 그보다 뭔가 더 알려고 적극적으로 달려드는 학생은, 당장은 부족하더라도 발전할 가능성이 높다고 쳐 주는 것이다.

그리고 그 적극적인 학생이 자신의 잠재력을 개발하는 데 도움을 주려 한다. 뿐만 아니라 다른 학생들에게도 이를 모범으로 삼는 태도를 요구한다. 이러한 발상으로 아들 녀석이 유학갔던 초등학교 과정부터 가르치는 것이다.

이에 비해 대한민국에서는 마지막 단계인 대학에서도 자신의 잠재력을 개발한 교육을 시켜 주는 경향이 부족하다. 이러면서 학생들에게 과제만 잔뜩 늘려 주는 교육이 과연 무슨 의미가 있을까? 생색내기 이상의 것은 아닌 듯하다. 대한민국 대학에서 고급 인재 양성을 기대하기 어려운 이유 하나가 여기에 있다.

애정을 보이면 '공연히 튀는 놈'으로 찍어 기죽이기 바쁜 사고방식을 가진 사람들이 주도권을 쥔 교육 시스템이 바로 우리 교육 현실이다. 그럼에도 불구하고 대한민국 사회가 이 정도나마 버티어 나가는 이유는 '꺾일 줄 모르는 한국인의 의지'에 있다고 보아야 할 것 같다.

흡혈귀가 지배하는 세상
- 대학

3장

끼리끼리 싸고 돌기

실력은 장식품

앞에서는 주로 대한민국 대학이 학생들에게 필요한 잠재력을 키워
주기보다 신분을 팔아먹는 성향이 강하기 때문에 기본적인 문제를 안
고 있다는 점에 대해서 언급했다. 하지만 이것만이 부실 원인의 전부
는 아니다.

사람들이 대학을 어떤 수단으로 생각하고 이용하건 대한민국 대학
은 껍데기라도 현대적인 시스템을 갖추고 있다. 이 시스템이 최소한의
기능이라도 한다면 전근대적인 잔재가 반세기 넘는 지금까지 유지되
기는 어렵다.

그런데도 무엇 때문에 상당한 분야에서 원칙에 맞는 기능을 하도
록 만들어 주는 힘이 생기지 않을까? 무엇보다도 대학 구성원, 특히
실질적으로 대학을 움직이는 주체라고 할 수 있는 교수들이 원칙에
맞는 역할을 하지 못한다는 이야기가 된다.

그렇게 된 근원적인 원인부터 짚어 보자. 이를 이해하기 위해서는 먼저 대학 교육의 특성부터 이해해야 한다. 대학이 다른 과정의 학교와 다른 점은 연구와 교육이 같은 맥락에서 이루어지는 것이라 할 수 있다.

대학의 중요한 기능 하나가 바로 세부 전공별로 전문 인력을 키우는 것이다. 당연히 각 전공 교수들은 자기 분야의 최고 전문가들이어야 이상적이다. 그래야 자신이 가지고 있는 지식과 노하우가 학생들에게 전달되고 그것이 활용되어 사회에 기여하게 된다.

이렇기 때문에 대학에서는 연구와 교육이 별개일 수가 없다. 고등학교 때까지야 정해진 기초 지식을 학생들에게 전하는 것으로 끝이 난다. 교사가 그 이상의 것을 가르치기도, 가르치라고 요구하기도 어렵다.

하지만 대학 교육에서는 이전까지 잘 알려져 있는 지식을 전하는 것으로는 별 의미가 없다. 교수가 연구해서 새로이 밝혀 낸 지식과 노하우가 전해져야 배우는 학생들이 비로소 전문가의 능력을 갖출 수가 있게 되는 것이다.

그런데 교수에게 자리에 걸맞은 지식과 노하우가 없다면? 그 다음에 어찌되는지 굳이 설명할 필요가 없다. 대학에서 부실한 교육이 이루어지는 원인 하나가 바로 여기에서 나온다. '교수 채용 비리'가 크게 문제되는 것도 바로 이런 이유에서다. 물론 모든 교수들이 그렇다는 이야기는 아니다. 그렇다고 크게 보아서는 별 문제가 안 되는 극소수의 문제라고 할 수도 없다.

실력 없는 교수가 어떻게 대학사회에서 버틸 수 있느냐고 생각하는 사람도 의외로 많다. 지성인의 대명사라 할 수 있는 대학의 구성원들이 실력 없는 교수를 가만히 둘 리가 없지 않느냐는 것이 이른바 '상식적인' 생각이다.

대한민국에는 대학이 하나밖에 없는 것도 아니니 교수들도 그만큼 많을 것이다. 그러면 학교와 교수들끼리 경쟁을 해야 하는데, 어떻게 파렴치한 짓을 그냥 놔두고 있을까? 이러한 현상을 언론에서 좋게 표현하는 말이 '온정주의'다. 서로 힘들게 사는 처지이니 웬만한 부실은 '좋은 게 좋은 거'라며 넘어가 주는 풍조를 말한다.

좋게 말해서 그렇다는 이야기지, 사실 좀 적나라하게 말하자면 '야합'이다. 야합을 할 수 있는 배경은 간단하다. 아무리 유능한 전문가라 하더라도 꾸준히 연구 업적을 내는 일은 매우 어렵다. 그야말로 뼈를 깎는 노력을 해야 꾸준히 '수준급의 성과'를 낼 수 있다.

문제는 유능한 사람도 이럴 정도인데 무능한 교수가 연구 업적을 꾸준히 내는 일은 어려울 수밖에 없다. 여기서 해결책이 뭐가 있을까? 연구 업적을 엉터리로 내도 적당히 넘어가 주는 것만큼 쉬운 해결책은 없다. 교수 사회에서 이 문제에 관한 한 동병상련 분위기가 강하다. 피차 연구 업적 내기 힘든데, 서로 적당히 넘어가자는 식이다.

그래서 속사정을 알고 보면 상식이라고 생각해 왔던 것이 오히려 허상이라는 점을 쉽게 느낄 수 있다. 내막을 알고 보면 대학교수로서 살아남는 데에 '실력'은 그리 중요한 요소가 아니다.

대학교수 집단을 너무 크게 매도하는 것 아니냐고 생각할지 모르겠다. 그렇게 생각한다면 대한민국 사회에서 크게 문제가 되었던 몇 가지 사건부터 잘 생각해 보자고 하고 싶다.

표절과 재탕조차 죄가 안 되는

최근 들어서는 많이 잦아졌지만, 몇 년 전까지만 해도 교수 출신을 고급 관리나 정치인으로 기용하는 일이 많았다. 그런데 그런 사람들 중 상당수가 검증 과정에서 탈락했다. 기억력이 좋은 분들이라면 그 이유를 쉽게 떠올리실 수 있을 것이다.

바로 '표절과 재탕'이었다. 남의 연구 성과를 베끼는 '표절'이나 같은 내용을 다른 학술지 같은 곳에 되풀이 발표해서 연구 업적을 부풀려대는 '재탕'은 학자의 생명에 각각 '사형'과 '무기징역' 감에 해당하는 범죄 행위다.

당연히 이런 일을 저지른 사람들을 중요한 자리에 임명할 수 없다. 임명 과정에서 탈락시켜 버린 것은 너무나 당연하다. 이 자체만 보면 사회 정의가 실현되었다고 할 수 있다. 하지만 여기서 한번 뒤집어 생각해 보자.

정부의 중요한 자리에 임명되는데 치명타를 입힐 만큼 '표절과 재탕'은 중대한 범죄 행위다. 그럼에도 불구하고 그런 범죄 행위를 저질렀던 교수들이 대학사회에서는 높은 자리에 추천될 만큼 지위를 유지하고 있었다는 이야기가 된다. 다시 말해서 같은 범죄 행위인데, 학계 즉 대학사회에서는 별 문제가 되지 않았다는 뜻이다.

학계가 아닌 정치권에서 '표절과 재탕'을 밝힐 수 있었다면, 그 분야 전문가들의 무대인 대학사회에서는 더욱 쉽게 알아보았어야 한다. 그럼에도 불구하고 정작 그 교수들이 몸담고 있었던 대학사회에서는 하루 이틀도 아닌 몇 년, 몇 십 년 동안이나 이 사실이 숨겨질 수 있었다는 뜻이다.

쉬쉬하며 숨겨 주지 않았다면 있을 수 없는 일이다. 이것이 바로 표절과 재탕이 극소수 몇 사람만의 문제가 아니라는 사실을 보여 준다. 즉 교수들 사회에서는 상식적으로 심각한 범죄 행위도 자기들끼리 별 문제가 되지 않게 만들 만큼 일반적으로 벌어진다는 말이 된다.

이런 말이 나오면 일부 극소수 교수의 문제를 전체의 문제인 것처럼 확대 해석하지 말라고 몰아 버리는 것이 고전적인 수법이다. 하지만 그런 고전적인 수법이 이런 경우에 변명이 될 수 있을까?

어느 분야나 양심적인 사람도 있다는 사실은 상식에 속한다. 물론 제대로 노력해서 훌륭한 연구 성과를 내는 사람도 있을 것이다. 대한민국의 대학사회만은 굳이 여기서 예외라고 주장하자는 것은 아니다.

그러나 양심적인 사람들도 있다는 이야기와 그런 사람들 덕분에 확실하게 자정작용(自淨作用)이 일어난다는 이야기는 완전히 별개다.

정부 요직에 추천될 만큼 비중 있는 자리를 차지하고 있던 사람들에게 대학사회에서 표절과 재탕 같은 범죄 행위를 문제 삼을 수 없었다면, 양심 있는 사람들이 있건 없건 별 의미가 없다는 뜻이다.

표절과 재탕 이야기를 하는 이유는 단순히 이 정도로 대한민국 대학사회가 썩어 있다는 차원에서가 아니다. 범죄라고 할 수 있는 '표절과 재탕'조차도 이렇게 관대한데, 말 같지 않은 학설을 만들어 내거나 별 의미도 없는 연구 성과를 내는 데야 오죽하겠느냐는 것이다.

그러니까 교수들이 열심히 연구를 해야 할 이유가 별로 없는 셈이다. 그저 남들 눈에 연구하는 것처럼 꾸미기만 하면 그만이다. 필자도 과정을 밟으면서 그런 사람들을 많이 보았다. 의외로 같은 분야 전문가들끼리도 넘어가는 경우가 많다. 그래서 사람들의 평판조차도 믿을 것이 못 되는 풍조가 된다.

이 정도면 실력이 없는 차원이 아니라, 파렴치한 짓을 자행하는 교수들조차도 대학에서 살아남는 데에 별 어려움을 느끼지 않는데 대한 설명이 될 것이다. "명장 밑에 약졸 없다"는 속담을 뒤집으면 "우장(愚將) 밑에서 강병을 키울 수 없다"는 말로 통한다.

마찬가지로 실력 없는 교수 밑에서 배운 학생들이 능력 있는 인재로 자라나기도 어렵다. 대학이 실력 없는 교수로 채워진다는 사실은 자연스럽게 학생들에게 왜 부실한 교육을 시키게 되는지에 대한 설명도 겸할 수 있다.

따지고 보면 대한민국의 대학교수만큼 좋은 직업도 없다. 제대로 된 사회라면 이렇게 특권에 가까운 혜택이 많은 직업에는 그에 걸맞은 의무를 요구한다. 대학교수의 경우 자신의 권리를 유지할 만큼의 연구 성과와 교육 활동을 요구하게 된다.

사실 이 요구를 충족시키는 사람이 대학교수의 지위를 유지하는 풍조만 되어도 대한민국 대학이 지금처럼 엉망이 되지는 않았을 것이다. 뒤집어 말하자면 바로 이렇게 노력 없이 특권만 유지하려는 풍조가 교수사회에 만연해 있다는 이야기가 된다. 따라서 연구 성과에 대한 검증이 제대로 이루어질 리가 없는 것이다.

의미가 없는 물량

이와 같이 실력 없는 교수가 대학에 자리 잡고 버티어 내는 데 별다른 불편을 느끼지 않을 수 있는 현실에 대해서 많은 사람들이 이해하기 어려워한다. 사실 대학과 관련된 직업을 가지고 있어 내막을 아는 사람 이외에는 무리도 아니다. 그렇지만 이 바닥이 어떤 생각으로 돌아가는지만 알면 이해하기가 그리 어렵지는 않을 것이다.

여기서 독자들께 한 가지 양해를 얻어야 할 것 같다. 검증 장치를 가지고 장난치는 경우에 대해서는 앞서 발간했던 책에 일부 다루어 놓은 바 있다. 그렇다고 독자들께 이 책을 읽다 말고 주제가 완전히 다른 그 책을 찾아 들춰 보라고 할 수는 없을 듯하다. 어쩔 수 없이 앞 책의 내용 일부분을 그대로 끌어올 수밖에 없게 되었다.

원고의 양을 불리기 위해 다른 책의 내용을 옮겨 놓자는 의도가 아니라는 뜻이다. 뒤에도 몇 단락씩 그러한 내용이 나온다. 이렇게 표시를 해 놓지 않으면 남의 재탕을 비난하면서 자신도 재탕하는 것 아니냐는 비판을 받을 수 있으니, 읽는 흐름을 방해하면서까지 이런 말을 넣어 놓아야 하는 난점을 양해해 주시기 바란다.

실력 없는 교수가 대학에 자리 잡고 버티어 낼 수 있는 이유는 한마디로 정리할 수 있다. 실력을 검증할 만한 장치가 없는 것이나 마찬가지이기 때문이다. 이렇게 말하면 펄쩍 뛸 사람이 많다. 또한 속 모르는 사람일수록 펄쩍 뛰는 사람의 말이 그럴 듯하다고 여길 것이다.

겉으로 드러난 대로만 보면 교수 채용 과정부터 교수가 된 이후의 업적 평가까지 까다로운 절차가 있다. 연구 성과만 해도 발표할 때마다 엄격한 심사를 거치게 되어 있다. 또 공개적인 학술발표도 거치게 한다. 그런데도 어떻게 '검증 장치가 없는 것이나 마찬가지'라는 말을 쉽게 하느냐고 할 것이다.

그런데 알고 보면 이런 장치들이 제 기능을 하는 경우가 많지 않다. 필자가 사정을 모르는 다른 전공에 대해서는 잘라 말하기 어려우나, 적어도 몸담고 있는 역사학계에서는 검증 장치가 제 기능을 하는 경우를 본 기억이 거의 없다.

인접 분야를 보아도 크게 다른 것 같지 않다. 사실 한 분야만 특별하게 망가지는 사태가 있다고 보기도 어렵다. 완전히 거리가 먼 분야라면 몰라도 비슷한 분야에서는 워낙 말 같지 않은 헛소리가, 연구 성과라고 나오는 사태를 하나도 알아보지 못할 리가 없기 때문이다.

예를 들어 문헌을 위주로 한 고대사 학계가 엉터리로 돌아간다면, 고고학이나 인류학, 고건축학 등의 분야에서 일부나마 알아볼 수 있다. 심지어 의학도 일부 분야에서 관련이 된다. 그러니까 한 분야가 엉망으로 돌아간다는 이야기는 최소한 인접 분야에서 방조하기 때문에 가능하다는 뜻이 된다.

어느 정도로 검증이 되지 않기에 그렇게 잘라 말하느냐고 할 사람이 있을 것이다. 그 점은 연구자의 능력을 어떻게 평가하는지를 보면 안다. 교수를 비롯한 연구자에 대한 평가 기준은 크게 두 가지다. 하나는 연구 능력이고, 다른 하나는 교육 능력이다. 앞의 것은 연구 업적을 보고 평가하면 되고, 뒤의 것은 강의 내용을 보고 평가하면 된다.

얼핏 보기에는 이렇게 간단한 것 같지만, 속을 들여다보면 만만치 않다. 연구 업적은 주로 논문이나 저서 같은 것이다. 도대체 이 내용들을 어떤 기준으로 평가할까?

앞서 언급했듯이 '평판'이라는 것을 믿을 수 있을 정도로 양심이 살아 있는 분위기는 아니다. 이렇게 평가가 엉망이니 이른바 객관적인 점수에 기댈 수밖에 없는 상황이다. 그러면 인정받을 만한 객관적인 기준이라는 것은 성립할 수 있을까?

제일 간단한 기준은 양이다. 즉 논문이나 책을 많이 쓰면 업적이 많다고 쳐 준다. 가장 쉬운 평가이기는 하지만, 그만큼 악용되기도 쉽다. 엉터리 논문이나 책을 마구 써 대서 숫자만 늘리면 그만이니까.

부실한 연구 업적으로 양만 채워 내는 만행을 이야기하자면 밤을 새워도 모자랄 정도로 심각하다. 앞서 다루었던 표절이나 재탕도 양을 채워 내기 위한 수법 중 하나이다. 범죄에 해당하는 표절이나 재탕도 가능한 판에 부실한 연구 성과 쏟아 내는 것에 대해서야 오죽하겠느냐는 말은 이미 한 바 있다.

이게 무슨 뜻일까? 아무 이야기나 마구 써 대서 업적 불리기를 해도 별다른 응징 수단이 없다는 뜻이다. 이런 상황을 이용하려는 자들이 나오지 않을 리가 없다. 업적 부풀리는 수단이 하도 많아, 제대로 연구하려는 사람이 오히려 바보 취급을 받는다. 학생들에게도 이런 영향은 바로 간다.

대학원생들만 해도, 말로는 좋은 논문 쓰려면 어떻게 해야 하느냐고 고민하는 척하지만, 내심 논문 대충 때워 내고 빨리 학위나 받아 취직할 생각을 하는 경우가 더 많다. 풍조가 이렇다 보니 요즘에는 그런 후배들을 보고 뭐라고 하지도 못한다. 오히려 미련하게 공부만 하려는 후배들에게 "적당히 살아야 네 신상에 좋다"고 충고해 주어야 하는 상황까지 되었다.

당연히 연구 업적의 숫자는 실력 있는 교수 요원을 골라내는 데에 별 역할을 하지 못한다. 그래서 제일 쉬운 방법은 별 의미가 없다는 것이다.

심사

이것을 막기 위한 장치가 있기는 하다. 질 떨어지는 논문을 걸러 내기 위하여 학술지에 실리는 논문마다 심사를 거치게 되어 있다. 그러니 수준 낮은 논문은 이 과정에서 걸러지는 것이 원칙이다. 하지만 이 역시 원칙이 그렇다는 말일 뿐이다. 내막을 들여다보면 여기에 기대할 수 있는 상황이 아니다.

심사가 질을 보장하는 역할을 하지 못한다는 점에 대한 이해를 돕기 위해 흔해 빠진 '학술지 게재 논문'의 심사 구조를 보자. 이 점을 알고 나면 심사가 학술논문의 질을 보장하기 어려운 구조라는 점은 바로 드러난다. 학회마다 조금씩 다르기는 하지만, 통상적으로 학술지에 실을 논문은 딸랑 2명 내지 3명의 심사위원이 맡는다.

결국 이 2~3명의 손에 논문의 운명이 달리게 되는 것이다. 그러면 이들은 누가 어떻게 정할까? 너무나 간단하다. 학회 운영진 중 몇몇의 이사가 대충 결정한다. 즉 이사 몇 명이 마음먹기에 따라 심사위원이 결정되고, 이들의 판단에 따라 논문의 운명이 결정되는 셈이다.

그런데 심사위원을 정하는 기준이 무엇일까? 이 또한 간단하다. 논문에 가까운 전공이라는 원칙은 있지만, 어느만큼 가까워야 한다는 까다로운 규정이 없으니 그 많은 전공자 중에서 이사들 마음대로 결정하면 된다. 사실 비슷한 전공자들 중에 결정한다고 해도 사람마다 성향이 있게 마련이다. 누구는 거의 무조건 게재불가 등급인 'D'를 주는 반면 거의 무조건적으로 통과시켜 주는 사람도 있다.

학회 이사쯤 되면 자기 전공자들의 성향 정도는 확실히 파악하게 마련이다. 그러니까 통과시키고 싶은 사람에게는 후한 심사위원을, 자르고 싶은 사람에게는 박한 심사위원을 붙이면 간단하게 원하는 결과를 얻을 수 있다.

학계에서 거의 왕따를 당하다시피 해서 남의 논문을 심사할 기회가 거의 없었던 필자만 해도 최소한의 경험을 가지고 있다. 심사를 의뢰받은 논문의 내용과 학회의 색깔만 보아도 어떻게 처리해 달라는 뜻인지 대충 감이 온다. 아예 "웬만하면 실어 주라"는 말을 직접 하기도 한다.

게다가 심사자의 성향도 노출되어 있다. 필자의 경우 스스로 험한 꼴을 하도 많이 보아 왔기 때문에, 논문의 내용이 아무리 마음에 들지 않더라도 일단 살려 주고 보아야 한다는 사고방식을 가지고 있다. 개인적으로 아무리 자신을 가지고 판단한다 하더라도 주관적인 판단만으로 연구자의 목숨이나 다름없는 논문의 운명을 좌우하는 것이 바람직하지 않다는 생각도 있다.

그런 성향은 심사 결과에 직결된다. 필자는 어떤 논문이건 문제점을 잔뜩 써 놓지만 결국 '수정 후 통과'를 의미하는 'B'등급을 주어 버리고 만다. 즉 필자에게 의뢰하는 논문은 통과를 보장받는 셈이다. 필자에게 논문 심사를 의뢰할 때, 대부분은 이런 성향을 알고 맡긴다. 반대의 경우에 어떻게 될지는 굳이 설명할 필요가 없을 것이다.

물론 의외의 결과가 나올 수도 있다. '설마 이 친구가 저 사람 것을 자르랴'했다가 보기 좋게 뒤통수를 얻어맞을 수도 있고, 자르리라고 기대했던 사람이 살려 줄 수도 있다. 하지만 이런 경우에도 그다지 큰 걱정을 할 필요는 없다.

탈락시키는 기준을 제멋대로 바꾸어 버리면 그만이기 때문이다. 어떤 경우에는 D가 나와도 두 번 세 번, '재심(再審)'이라는 것을 거쳐 실어 주기도 한다. 반면 밉게 보인 놈은 B와 C를 두 번 받고도 '게재불가' 판정을 받아야 한다.

후자가 점수만으로는 훨씬 높게 평가받은 셈이 아니냐고 하는 사람도 있지만, 그야말로 속 모르는 소리다. 한 번에 'D' 등급 받고 안 실려 버리면 한 번 실망하고 포기하는 것으로 끝이 나지만, 재심을 하겠다는 경우에는 끊임없이 수정을 요구받는다. 내심 실어 줄 생각도 없으면서 이른바 '뺑뺑이'를 돌리는 것이다. 결국 제풀에 지쳐 포기하는 경우가 많다. 알고 보면 더 잔인한 탄압이 되는 셈이다.

학회마다 다르다는 전제가 또 붙기는 해야겠지만, 여기서도 재미있는 점이 있다. 많지도 않은 2~3명의 심사위원 중 하나만 게재불가 등급인 D를 주면 그 논문은 다른 심사위원의 의견을 물어 볼 필요도 없이 끝장이 난다는 사실이다. 쉽게 말해서 한 놈한테만 제대로 걸리면 그대로 볼 장 다 본다는 뜻이다.

그렇다면 이런 구조를 의식할 필요가 없을 만큼 심사의 공정성은 보장될 수 있을까? 개뿔이나. 이 문제를 언급하면서 '공정'이라는 단

어를 들먹이는 것 자체에 매우 미안함을 느껴야 한다.

극단적으로는 같은 논문을 두고 최고 점수인 A와 불합격 등급인 D가 동시에 판정되는 일도 있다. 아무리 사람마다 판단 기준이 다르다고는 하지만, 이런 정도의 차이가 날 수 있다는 사실은 문제가 있다. 최소한 이 자체가 누가 심사를 하느냐에 따라 연구자의 운명이 달라질 수 있음을 보여 주는 셈이다.

학회 이외에 정부기관 등 공공기관에서 발주하는 프로젝트의 심사도 있기는 하다. 하지만 이 역시 학회지 심사와 크게 다를 것은 없으니 기대는 접어도 된다. 그러니까 연구 성과의 질보다는 누가 어떻게 심사를 하느냐가 연구 업적의 생존에 더 중요한 요소다. 당연히 심사가 연구 성과에 대한 질적 검증이 될 수 없는 것이다.

어떤 경우

심사 과정에서 얼마나 황당한 꼴이 벌어질 수 있는지에 대해서도 윤곽만 이야기하면 마음에 와 닿지 않을 수 있으니, 이쯤에서 사례 하나를 들어 보자. 학술논문 심사라는 것이 공정하지 못한 수준을 넘어 황당한 수준까지 갈 수 있다는 점을 보여 주는 데에도 필자의 경험이 좋은 사례가 될 것이다.

이 책에 거침없이 써 대고 있듯이, 이미 갈 데까지 가 버린 인생이 된 필자는 학계의 어두운 면을 지적하는 데 눈치를 보지 않는다. 그러던 중 몇 년 전, 고대사학회의 뒤풀이 자리에서 마침 새로 회장이 된 분과 같은 자리에 앉게 되었다.

그 자리에서도 필자는 평소의 소신(?)대로 불만을 늘어놓았다. 이 바닥에서 보기 어려울 정도로 호인이었던 그 분은 이런 말을 듣고 불편했던 것 같다. 다른 교수들 같으면 화부터 내기 십상인데도, 마음씨 좋은 그 양반은 세상을 너무 부정적으로만 생각한다며 점잖게 필자를 타일렀다.

이와 함께 결정적인 한마디를 해 버렸다. "우리 학회 아직 그 정도로 썩지 않았다. 학회지에 내고 싶은 논문 있으면 한번 가져와 봐라." 일반적인 상식 수준에서만 생각한다면, 이상할 것 하나 없는 말일 것이다.

하지만 필자처럼 속사정을 잘 아는 사람에게는 사실 갈등을 느껴야 하는 문제였다. 곧 현실로 드러났듯이 엄청 민망한 사태를 초래할 발언이었으니까. 필자에게는 어떤 사태가 벌어질지 훤히 보였지만, 짓궂은 마음에 내기 아닌 내기를 걸었다. 필자도 "그럼 한번 보내드리겠다"라고 받았으니까. 그래도 "이후 벌어질 사태에 대해 저를 원망하시면 안 된다"라는 경고는 달았다.

아니나 다를까 논문을 보내고, 두 달 정도가 지나가도록 아무 소식이 없었다. 때를 잡아 회장님에 전화를 걸어 "이제 그만 인정할 거 인정하시고 미련 접으시라"고 했다. 마음 좋은 양반이 충격을 받으셨다.

한참 당황하시더니, "정말이냐? 뭔가 착오가 있는 듯하다. 처리해 놓겠다. 마침 다음 주에 학술회의 참석 문제로 서울에 가니 그때 만나서 이야기하자"라고 하시며 통화를 끝냈다.

그리고 약속이 된 학술회의 날, 만나자마자 첫마디가 "연락받았죠?"였다. 영문을 몰라 "무슨 연락이요?" 하고 반문하자, 이 양반이 더 당황했다. 내막을 알고 보니, 지난 주 전화 통화 이후 담당이사에게 "빨리 처리해서 당사자에게 연락해 주라"는 당부를 하고 서울로 올라오셨다는 것이다. 그런데도 그 이사는 아무 연락도 하지 않은 것이었다.

상황은 분명해졌다. 심사 자체를 하지 않고 논문을 생매장시켜 버린 것이다. 그것도 학회 회장이 보는 앞에서. 이건 학회장에게도 보통 모욕이 아니다. 담당이사가 학회의 직속 상사이자, 한참 선배인 회장의 지시를 묵살해 버린 것이다.

내막을 알게 된 필자가 깔깔대며 말끝마다 "거 보세요"를 연발하자, 항상 부처님처럼 온화한 미소를 띠고 다니셨던 그 양반 얼굴이 확 굳어져 버렸다. 참석했던 학술회의는 동북공정 문제를 다루는 중요한 자리였다. 그 자리에서 토론을 맡아 자리를 지켜야 했던 그 분의 얼굴이 많은 사람들이 쳐다보는 앞에서도 두어 시간 동안 펴지지 않았으니 충격을 받아도 단단히 받은 것이 틀림없었다.

무리도 아니다. 한 20년은 후배인 작자에게 이런 꼴을 당했으니, 그 양반도 얼굴에 똥칠을 당한 셈이다. 위계질서를 제법 존중하는 학계에서 상상하기도 어려웠을 것이다. 그런데 그 담당이사는 뭘 믿고 이런 짓을 했을까?

단서가 있다. 그 담당이사는 대한민국에서 제일 좋다는 대학을 나왔다. 제정신 있는 사람이라면 잘 알 것이다. 웬만큼 백그라운드가 든든하지 않으면 무난하게 넘어갈 사안이 아니다. 하지만 담당이사였던 교수는 이런 파렴치한 짓을 하고 난 이후, 지금까지도 교수질을 하면서 잘 살고 있다. 웬만한 학교 출신이었다면 이렇게까지 잘 버틸 수 있었을까?

반면 학회장은 지방 국립대 출신으로 모교에 재직하고 있는 상태였다. 결국 '회장이라도 지방 국립대 출신 주제에 성스러운 신분에는 손 댈 수 없다'는 점을 분명히 보여 준 것이다. 이 사건을 빌미로 지방 국립대 대학원생들인 그 회장님 제자들에게도 "당신들이 아무리 잘 한다고 해 봐야 호족일 뿐이고, 골(骨) 신분에게는 이렇게 5두품 취급을 받는다"며 놀려 주기도 했다.

짓궂은 마음에, 심성 좋은 분에게 이런 꼴을 보도록 한 것이 인간적으로 못할 짓이었다는 점은 인정한다. 그래도 당시 입장에서는 어쩔 수 없었다고 변명하고 싶다. 이렇게 심사도 하지 않고, 학회 간부 마음대로 연구 성과를 생매장시켜 버리는 일은 필자만 당하는 것이 아니다.

지금 한 대학의 총장까지 지낼 정도로 비중 있는 교수 분도 기득권층의 눈 밖에 나면 얼마든지 당할 수 있는 일이다. 하물며 필자같이 그 수준도 안 되는 조무래기들은 더 말할 나위가 없다. 이렇게라도 확인시켜 주지 않았다면, 수많은 사람이 되지도 않는 이유로 희생당하면서도 혼자 바보가 되는 일이 더 많아졌을 것이다.

필자가 잃은 것도 크다. 그때 필자가 제출했던 논문은 결국 점수가 되지 않는 학회지에 실어 버리고 끝났다. 이 사건 이후 질기게 버티던 필자도 논문 쓰기를 포기해 버렸다. 이미 교수가 된 상태가 아니고서는, 이런 꼴을 두 번 이상 당하고도 버티는 사람은 주변에서 본 적이 없다. 현실이 이렇다는 점만 알면 심사 방식을 살짝 바꿔 놓고 "공정하려고 노력한다" 운운 하는 소리가 얼마나 허망한 헛소리인지 짐작하고도 남음이 있을 것이다.

이 자체로만 보면 필자가 손해를 본 셈이다. 하지만 얻은 것도 있다. 이것으로 논문의 질에 상관없이 학회를 주도하는 자들 마음대로 연구자들의 생명이 오락가락한다는 점은 증명이 되고도 남았다.

그러고 보면 우악스럽게 일을 처리해 준 그 담당이사에게도 고마워해야 할 것 같다. 예측은 하고 있었지만, 솔직하게 말하자면 필자도 사실 이렇게까지 우악스런 수법을 고집할 것이라고는 생각하지 못했다. 만일 심사하지도 않고 생매장시켜 버리는 대신, 교묘하게 애를 먹이는 수법을 썼으면 필자가 그 비리 구조를 증명하는 데에도 훨씬 애를 먹었을 수밖에 없었을 것이다. 그랬다면 회장님과의 내기 아닌 내기에서 이겨 짓궂게 사람들 놀려 주기도 어려웠을 것이다.

그래서 비록 비리를 증명해서 깨끗한 사회를 만들자는 의도에서가 아니라, 좋은 대학 나왔다는 학벌 믿고 제 버릇 개 주지 못해서 벌인 짓이기는 하지만 고마운 생각까지 든다. 덕분에 이 사태 이후로는 필자 앞에서 학계가 공정하게 굴러간다는 말을 하는 자는 많지 않다.

말을 잘못 꺼냈다가는, 이 사건을 꺼내 놓고 "그 회장님 꼴 나고 싶냐?"는 말과 함께 세상모르는 철부지로 조롱을 당하게 만든다. 물론 아직도 고집을 부리는 자들이 있기는 하다. 그러한 부류는 크게 두 가지다. 하나는 정말 파렴치한 철면피이거나, 세상모르는 철부지다. 두 가지 겸용도 많기는 하다.

또 이 덕분에 좋은 대학 출신들 앞에서 마음 놓고 건방을 떨 수 있게 되었다. 이것 말고도 그 동문들이 벌인 파렴치한 짓은 많다. 수틀리면 '그때 그 사건'들을 입에 올리면서 "동문들 파렴치한 비리나 비호하는 데 안달하는 주제에 정의를 입에 올린다"라고 (속된 말로) '갈귀' 대면 이것까지 견디어 내는 작자는 많지 않다.

덕담 잔치, 공개발표

연구 업적을 인정받는 요건인 심사가 교수요원의 실력 검증에 별 도움이 되지 않는다는 점은 대충 설명이 된 것 같다. 그런데 여기서 의문을 갖는 사람이 나올 수도 있다. 심사는 밀실에서 제멋대로 이루어지기 때문에 문제가 있을 수 있다 치더라도 공개적으로 이루어지는 발표에서까지 그러지는 못할 것 아니냐는 것이다.

그러한 측면에서 원칙적으로는 훌륭한 보완책이 마련되어 있다. 그것이 바로 '공개발표'라는 것이다. 심사의 문제점은 단 한 명의 심사위원이 자기 꼴리는 대로 남의 운명을 결정해 버릴 수 있다는 것이었다. 이에 비해 공개발표는 많은 사람이 참석한 상태에서 토론을 거쳐 검증하는 효과가 있다.

그렇기 때문에 혼자서 멋대로 평가하기 곤란하게 만들어 준다. 상식적으로만 생각하면 이렇게 훌륭한 보완 장치가 있으니 다른 과정에 문제가 있더라도 충분히 걸러 낼 수 있다고 생각하기 쉽다.

하지만 이 역시 원칙적으로 그렇다는 이상의 의미를 가지지는 못한다. 그만큼 현실적인 한계가 뚜렷하다. 그렇게밖에 될 수 없는 이유는 이렇다. 우선 검증이 될 만큼 효과적인 토론을 벌이기가 어렵게 되어 있기 때문이다.

통상적으로 발표에는 이른바 '지정토론자'라는 사람을 붙인다. 이렇게 하는 이유는 매우 합리적 발상에서 나왔다. 학술논문에 대한 검증은 가급적 그 분야 자체, 최소한 비슷한 분야 전문가들이 해야 제대로 된 검증이 된다. 내용을 제대로 알지도 못하는 사람이 토론을 해 봤자, 자기 궁금한 것 몇 가지 물어 보는 수준밖에는 되지 않을 테니까.

그렇지만 공개발표라고 이러저러한 사정이 있는 관계 전문가들이 항상 참가해 준다는 보장이 없다. 극단적인 경우에는 발표 장소에 모여든 사람들 중, 내용에 정통한 사람이 없을 경우까지 생긴다.

이렇게 내용을 제대로 아는 사람이 없는 상태에서 제대로 된 토론과 검증이 이루어지기 어렵다. 그래서 발표 내용에 대해 알 만한 사람을 지정토론자로 정해 참석시키려 한다. 이를 통하여 토론을 활성화하고 검증을 하려는 것이다. 여기까지는 역시 훌륭한 취지다.

하지만 이 바닥 일이 대개 그렇듯이, 취지는 취지일 뿐이고 현실은 현실이다. 취지와 원칙대로 안 되는 이유가 있다.

우선 문제가 될 수 있는 부분이 대한민국 사회에는 좋게 말해서 너무 인정이 넘친다는 점이다. 인정이 하도 많다 보니 냉정하게 시비를 가려야 할 학술발표에서조차 발표자의 사정을 봐준다. 그래서 상당한 경우 지정토론자 자체를 발표자가 원하는 사람으로 해 주는 경우가 많다. 권투로 치면 챔피언이 도전자를 제 맘대로 정하는 꼴이다.

프로 권투에서도 이렇게 만만한 상대만 골라 타이틀 매치를 치르는 것이 문제가 되었다. 실력도 없는 주제에 내용 없는 경기를 하면서 챔피언 자리를 지키는 '비즈니스 챔피언'이 날뛰는데 그 바닥이 제대로 돌아가기가 어렵다. 당연히 이 분야에서 먹고사는 사람들에게 피해가 돌아간다. 그래서 뒤늦게 만든 제도가 '지명도전자'라는 것이다.

학술토론이라고 다를 것은 없다. 원칙대로 하자면 지정토론자는 발표 내용에 대해 정통한 사람으로 정해져야 그 취지를 달성할 수 있다. 가급적 발표자와 다른 의견을 가지고 있는 편이 좋다. 그래야 치열한 논쟁을 통하여 제대로 된 검증이 이루어진다.

그런데 치열한 논쟁을 유도할 사람을 바꾸어 말하면 발표자에게 거북한 사람이라는 뜻이 된다. 권투에서 박진감 있는 경기를 유도할 만큼 실력 있는 도전자는 챔피언에게 상대하기 싫은 선수라는 뜻이 되는 것이나 마찬가지다.

이런 상황에서 지정토론자를 제 맘대로 정하게 한다면? 당연히 거북한 상대를 빼 놓고 싶을 것이다. '비즈니스 챔피언'이 만만한 도전자를 골라 타이틀 매치를 치렀던 사태와 다를 것이 없다. 물론 학계에서는 아직 이런 사태를 확실히 막을 만한 제도는 없다고 보아야 한다.

그러니까 그 허점을 최대한 악용할 여지가 있는 것이다. 토론자도 발표자가 원하는 대로 정해 줄 뿐 아니라, 힘 있는 교수에게는 학회에서 곤란한 질문을 하는 것은 금기사항에 가깝게 관행을 만들어 놓는다.

일부 예외는 있어도 대부분의 학회 분위기는 매우 점잖다. 이게 알고 보면 그리 좋다고 할 수 없는 현상이다. 질문을 해도 직설적으로 찌르기보다 무슨 말을 하는지 못 알아듣게 돌려 말해야 좋아한다.

심하면 평소 절친하게 지내는 동문 선후배끼리 발표·토론을 한답시고 나란히 앉아 자화자찬이나 늘어놓는 꼴을 보기가 어렵지 않다. 개중에는 토론을 하러 나온 것인지 수다를 떨러 나온 것인지 알 수 없는 경우도 많다.

학술 발표회는 멋도 모르는 사람들이 와서 마음에도 없는 칭찬과 헛소리나 늘어놓는 장소로 전락하고 있는 것이다. 덕분에 학술 발표라는 것 자체가 나날이 김이 빠지고 있다. 학회에서는 이래 놓고서 사람이 오지 않는다고 한숨이다. 보여 줄 것도 없는 부실한 경기를 벌이고 있다는 사실은 애써 외면한다.

여론 조작

여기서 끝나는 것도 아니다. 지정토론자까지는 지들 맘대로 정해서 끼리끼리 띄워 주는 쇼나 하고 끝내 버릴 수 있다. 그렇지만 이 경우 재수 없는 사태가 발생할 수 있다. 일껏 제쳐 놓은 거북한 상대가 우연이건 필연이건 청중석에 와서 앉아 있을 수 있다. 그런 사람이 발언권을 얻고 일어나 사정없이 문제점을 지적해 대면 엉터리 논문을 발표한 당사자는 청중들 앞에서 그야말로 망신을 당하게 된다.

공개발표를 시키는 취지 중에는, 수준이 되지 않는 발표를 하는 자가 바로 이런 꼴을 당하게 해서 검증을 하려는 의도가 은연중에 포함되어 있다고 보아야 한다. 그렇지만 이런 경우에도 대책이 없지 않다.

이 상황에서 주로 장난을 치는 것은 토론의 진행을 맡은 사람, 즉 사회자다. 사회자는 권투로 치면 주심에 해당한다. 주심이 편파판정을 하면 선수의 역량과는 아무 상관없이 승부가 갈릴 수 있다는 점은 굳이 설명할 필요가 없을 것이다.

학술토론이라고 해서 이런 측면에서 크게 달라질 것이 없다. 사회자가 어려운 질문을 할 것 같은 사람에게 발언권을 주지 않든가, 이런 저런 쓸데없는 제한을 가해서 제대로 발언을 못 하게 방해할 수가 있다. 심지어는 아예 청중석에 발언권을 주지 않고 토론 자체를 봉쇄해 버릴 수도 있다.

그래도 권투 같은 스포츠에서는 관중과 시청자의 눈을 의식해 편파판정을 할 때 하더라도, 눈치껏 하는 경우가 많다. 하지만 학회에서는 그마저 눈치를 볼 필요도 없다.

30명만 와도 청중이 많이 왔다고 좋아하는 판이다. 좀 많이 왔다 싶으면 대개 학생들을 동원해서 머릿수를 채워 넣은 것이기 십상이다. 그중에서 제대로 듣는 사람은 몇 되지도 않는다. 심지어 무슨 말이 오가는지 이해하려는 사람조차 귀한 경우도 많다. 또 간혹 게임내용을 알아보는 사람이 있다 해도 점잖은 것 좋아하는 학계의 풍조상, 뒤에서 조용히 불평을 하지 대놓고 따지는 경우는 드물다.

편파판정을 하든 말든 신경 쓰는 사람이 얼마 되지 않는다는 뜻이다. 그러니 편파판정에 굳이 남의 눈을 크게 의식할 필요가 없다. 심지어 관심을 끄는 주제에, 수백 명의 청중이 있다고 해도 크게 개의치 않는다.

대부분의 경우, 발표 내용이 표절이건 재탕이건, 말 같지 않은 헛소리건 이런 식으로 입을 막아 버리고 지나가는 것이다. 이런 현상이 벌어지는 근본적인 원인은 검증을 해야 한다는 생각 자체가 별로 없기 때문이다. 기본 구조부터가 그렇다.

검증을 제대로 하려면 발표자가 자기 이야기를 늘어놓는 시간보다 그 내용을 가지고 따지는 시간이 월등히 길어야 한다. 그런데 필자가 본 발표 대부분은 발표자가 자기 이야기를 늘어놓는 데 시간을 할애하고 토론 시간은 구색 맞추기처럼 끼워 넣는다. 그래서 발표 시간에 비해 발표자 수가 쓸데없이 많다. 심한 경우가 아니더라도 질문이나 답변이나 하는 둥 마는 둥이 될 수밖에 없다.

어떤 발표자들은 이마저도 귀찮다고 주어진 시간을 넘겨 가며 자기 말만 하면서 그 알량한 토론 시간까지 잡아먹는 경우도 있다. 그렇다 보니 발표 막판에는 "할 말은 많겠지만 시간이 없으니 남은 얘기는 밥 먹는 자리에서 하라"고 하기 일쑤다. 대놓고 "발표하는 사람이 그렇다면 그런 줄 알아라"고 하는 편이 나을 정도다. 어떤 학회의 이사는 "남의 논지를 비판하고 싶으면 차라리 칼을 가지고 찔러라"는 말까지 서슴지 않고 한다.

또 알량한 밥자리에서 검증이 제대로 이루어지는 경우도 별로 없다. 막상 그 자리에 가면 "밥맛 떨어지는 소리 그만 하자"며 말을 끊어 버린다. 물론 가끔은 밥 먹는 자리에서도 열띤 토론이 벌어지는 경우가 없지 않다. 하지만 그것은 쉽게 말해 '비공식 게임'이다. 프로 바둑 기사들이 게임 끝나고 '복기(復棋)'하는 수준에 불과하다는 것이다. 당연히 검증으로서의 의미는 거의 없다. 심하게 말하자면 '잡담' 수준에 불과하다.

이런 정도면 왜 공개발표에서조차 검증효과라는 것을 기대할 수 없는지 더 설명하지 않아도 될 것 같다. 물론 공개적인 학술발표라는 것이 항상 그런 식은 아니라는 점을 밝혀 둔다. 지금까지 설명한 경우는 힘깨나 쓰는 패거리 중에서 발표라는 것을 할 경우다.

힘없는 파에서 발표를 할 때에는 상황이 180도 바뀐다. 지정토론자부터 목소리 큰 사람을 붙여 놓고, 그것도 모자라서 평소에는 발언권도 주지 않던 사람들에게 질문 좀 하라고 부추기기까지 한다. 이래 놓고 되는 소리 안 되는 소리 가릴 것 없이 퍼부어 대면 내용에 상관없이 발표자는 바보 되기 십상이다.

여기서도 필자가 경험한 사례가 있다. 학회에서 좋은 대학 출신과 필자가 몸담았던 대학원 출신이 1번과 2번으로 발표한 적이 있었다. 첫 번째로 발표한 좋은 대학 출신의 발표 내용이 문제가 있어, 필자가 질문을 하자 당장 난리가 났다. 사회자는 시간이 없다면서 10분도 되지 않아 질문을 끊어 버리고, 지정토론자까지 여러 명 나서서 변명을 해 주면서 질문 시간의 세 배는 끌었다.

그런데 다음 발표로 넘어가자 분위기는 판이하게 바뀌었다. 어떤 꼴이 벌어질지 뻔히 아는 필자는 자리를 피해 버렸지만, 그렇게 시간이 없다고 난리를 치더니 두 번째 발표는 밖에서 아무리 기다려도 끝나지 않을 정도로 오랫동안 끌었다. 한참을 밖에 있다 들어갔는데도 끝나지 않고 있었으며, 분위기를 짐작하는 데에도 전혀 지장이 없었다.

지정토론자부터 원칙대로 인정사정 보지 않고, 비판할 사람을 붙여 놓았다. 그뿐만이 아니었다. 나중에 확인했지만, 말발 있는 사람들에게는 할 말이 없다는 데에도 억지로 발언권을 주어가며 한 바퀴 돌리는 바람에 시간이 많이 걸렸던 것이다. 할 말이 없으면 다른 사람이 했던 말을 반복해 가며 들볶았단다. 앞 사람 발표 내용과 수준이 큰 차이가 나지 않는다 하더라도, 나중에 논문이 평가받고 실리는 데에는 하늘과 땅 차이가 날 수밖에 없다.

결국 어떤 내용으로 발표하느냐보다 발표장 분위기를 어떻게 잡아 주느냐가 더 결정적인 역할을 하는 셈이다. 발표하는 내용이 충실한가보다 발표하는 자가 얼마나 힘 있는 패거리에 속해 있느냐가 평가에 더 결정적인 영향을 주는 구조라고 해도 과언이 아닐 것이다.

이 정도가 대한민국 학계에서 연구 성과를 검증하는 시스템이다. 중요한 검증 시스템이 이 모양이기 때문에 학계의 자정작용으로 실력 없는 교수를 퇴출시킨다는 기대를 하기는 어려운 것이다.

이 정도면 실력이 없는 정도가 아니라 파렴치한 짓을 자행하는 교수들조차도 대학에서 살아남는 데에 별 어려움을 느끼지 않고 있다는 점, 그리고 이 점이 학생들에게 얼마나 악영향을 미치는지에 대해서는 대충 설명이 될 것이다.

이 점은 대학 교육이 부실할 수밖에 없는 이유와 직결된다. 연구 성과가 교육으로 직접 연결되어야 하는 대학 교육의 특성상, 남의 연구나 대충 엮어서 또는 한 번 이용했던 것을 두 번 세 번 되풀이해서 연구 성과를 채운 사람들이 학생들을 어떻게 가르칠지 뻔한 것이다.

군이 표절과 재탕 같은 범죄 행위가 아니더라도 연구 성과를 부실하게 낸 사람만 해도 학생들을 제대로 가르치기는 어렵다. 해당 분야의 이른바 '연구사(研究史)'라고 해서 지금까지 쌓여 왔던 노하우부터 가르칠 수가 없다. 그것들이 알려지는 순간 자신의 연구 성과가 얼마나 엉터리였는지가 바로 드러나 버리기 때문이다.

결국 그런 교수에게 배우는 학생들은 교수가 자기 유리한 대로 왜곡시킨 정보를 성경처럼 떠받들며 배워야 한다. 그렇게 배운 사람들이 해당 분야에서 제대로 된 능력을 발휘할 리가 없는 것이다.

교수 공개 채용 - 공개적인 비리

교육이 부실할 수밖에 없는 이유를 한마디로 하자면, 제대로 가르치지 못하기 때문이라고 할 수 있다. 어찌 보면 당연하다. 가르칠 사람을 뽑는 첫 관문부터 교육이나 연구 능력이 별로 중요한 역할을 하지 못한다. 쉽게 말해서 애초부터 제대로 연구하고 가르칠 사람이 들어오기가 어렵다는 것이다.

대학을 속으로 멍들게 하는 대부분의 문제가 바로 이 점과 직결되고 있다. 연구와 교육을 좋은 환경에서 할 수 있는 교수로서의 시작은 뭐니 뭐니 해도 '전임'으로 임명되는 것이다. 그래서 교수 채용이라고 하면 기본적으로 '전임교원 채용'을 의미한다. 그렇기 때문에 채용은 교수의 실력 검증의 첫 단계라고 할 수 있다.

그동안 여러 차례 언론을 장식했던 '교수 채용 비리'는 바로 이 첫 단계부터 검증이 어떻게 이루어지는가를 보여 준다. 물론 제도권 안에 있는 사람들은 일부 대학의 비리가 드러난 것은 사실이지만, 그야말로 '극소수 몰지각한 사람들의 문제일 뿐'이라고 할 것이다. 과연 그럴까?

사실 교수 채용 비리는 대학 교육의 질과 직결되는 것이라 심각한 문제가 된다. 그래서 언론 매체를 화려하게 장식했고, 그 여파로 비리를 막기 위한 장치도 여러 가지로 정비되었다고 할 것이다.

하지만 그 장치라는 것 대부분이 현실적으로 눈가림에 불과하다. 어떻게 그렇게 단언하느냐고 할 것이다. 이렇게까지 잘라 말하는 이유는 간단하다. 현재의 상태로는 필자에게 공정하게 뽑아 보라고 해도 난감하다. 공정하게 할 수 있을 만큼의 기준을 정하는 것 자체가 불가능에 가까울 정도이기 때문이다.

좀 더 적나라하게 말하자면, 객관적인 기준 마련이 근원적으로 불가능하게 만들어 놓았다. 연구 업적의 양은 의미가 없고, 내용을 잘 아는 극소수의 사람을 제외하면 질을 판단한 방법도 없다. 그나마 기준을 잡아 보기라도 해 보는 연구 능력 평가가 이 모양이니, 강의 능력 평가는 정말 난감하다. 이건 그야말로 보는 사람의 주관에 맡길 수밖에 없다.

이런 상황이 현장에서 어떻게 작용할까? 교수 채용 비리가 일어날 수 있는 근본적인 원인이 여기에 있다고 할 수 있다. 제대로 뽑아 보려면 스포츠나 게임처럼 승부가 나고 순위가 매겨지는 쪽이 편할 것이다. 그런데 대학에서는 대부분의 분야에서 이렇게 승부를 가릴 만한 '객관적인' 기준을 마련하기가 곤란하다. 뒤에서 좀 더 자세하게 이야기하겠지만, 그러니까 제멋대로 뽑아도 그만인 것이다.

연구 업적 평가부터가 그렇다. 연구 업적 중 어디에 비중을 두어야 할지 갈피를 잡을 수 없다는 점을 이용해서 뽑고 싶은 사람에게 유리하도록 기준을 정해 버린다. 예를 들어 뽑고 싶은 사람의 연구 업적에 저서가 많으면 저서에 점수를 많이 주고, 논문이 많으면 논문에 점수를 더 주어 버린다. 논문에 대해서는 '저희들끼리 멋대로 심사해서 실어 주는 것'이라는 핑계가 있고, 저서에 대해서는 '출판사하고만 이야기가 되면 수준에 상관없이 낼 수 있는 것'이라는 명분이 있다. 자기들에게 유리한 상황을 만들 명분을 고르기만 하면 된다.

책과 논문 등 연구 업적 전체가 모자란다 해도 크게 걱정할 필요가 없다. 이런 경우에도 대책이 있는 것이다. 즐겨 썼던 방법 중 하나가 전공 분야를 극단적으로 제한해 버리는 것이다.

역사학의 경우 교수가 하나의 시대에 몰리는 것을 방지하기 위해 고대·중세·근대 정도의 시대 배분을 해 놓는 정도를 말하자는 것이 아니다. '고구려 성곽 연구', '제주 향토사 전공'이라는 식으로 공고를 내면 그러한 안배와는 별 상관도 없이 처음부터 지원할 수 있는 대상자가 딱 정해져 버린다.

비슷한 전공이 있어도 별 문제가 안 된다. 이른바 '전공적합성'이라는 말을 만들어 뽑고 싶은 사람의 논문 한 편에 10배 정도의 점수를 주어 버리면 제대로 된 경쟁이 될 리가 없다.

근원적 조작

이게 하도 고전적인 수법이 되니까 요즘에는 제재가 들어오는 모양이다. 하지만 그렇다고 제대로 해 보자는 분위기가 생기는 것은 아니다. 방법은 개발하면 그만이다. 연구 업적을 평가하는 과정에서 즐겨 썼던 조작 수법 중 하나가 평가대상이 되는 연구 업적을 최근 2~3년으로 제한하는 수법이다.

내막을 모르는 사람들에게는 이것이 큰 문제가 될 것 같지 않을 것이다. 하지만 알고 보면 그게 그렇지가 않다.

분야마다 다르기는 하지만, 역사학의 경우 제대로 된 논문을 쓰자면 1년에 한 편만 써도 숨이 턱에 찬다. 그러니 최근 2~3년으로 제한하면 서너 편 이상의 논문을 확보하기가 어렵다. 그런데 여기 편법이 있다.

교수가 되려면 박사학위는 기본적으로 있어야 한다. 즉 박사학위 논문은 있다는 뜻이다. 못해도 700~800매의 분량이 있는 박사학위 논문을 학회지 게재 논문으로 쪼개면 보통 네 편은 확보된다.

이걸 1~2년 사이에 집중적으로 학회지에 발표해 버리면 거의 한꺼번에 네 편의 연구 업적이 순식간에 생기는 셈이다. 그렇게 해 놓고 채용공고를 내 버리면 그만이다. 정상적으로 꾸준히 연구 업적을 내는 사람은 상대가 될 수 없다.

그래서 사정을 아는 사람들은 가까운 장래에 교수될 사람을 쉽게 알아볼 수 있다. 바로 몇 달 사이에 박사학위 논문 등을 이용해서 집중적으로 연구 업적을 쌓는 사람이다.

그래도 이 정도의 수법들은 양반이다. 큰 문제가 된 적은 거의 없지만, 편법이라는 점이라도 알 수 있기 때문이다. 그래서 대책이라도 세워 다음에라도 써먹기 어렵게 만들 수 있고, 일부나마 그런 현상이 일어난다.

하지만 근원적인 업적 조작은 대책조차 없다. 가장 즐겨 쓰는 수법이자 현재로서는 대책조차 없는 수법은 이런 것이다. 처음부터 자기 패거리들은 되지도 않는 내용을 논문이랍시고 1년에 서너 편씩 발표할 수 있도록 도와주는 수법이다.

개인적으로 아무 내용이나 논문으로 발표하도록 밀어 주는 방법도 있지만, 더 좋은 방법도 있다. 공공기관 등에서 프로젝트를 발주 받아 자기 패거리들에게 나누어 주는 것이다. 이런 프로젝트 논문일수록 짧은 시간에 의무적으로 써야 한다는 명분을 내세워 대충 써 버려도 되는 분위기로 몰아간다.

심한 경우 2주 사이에 네 번까지 발표하는 사람도 봤다. 이런 프로젝트일수록 시간을 많이 주지 않는다는 점을 감안하면 정상적인 수준의 연구 성과를 낼 수 없다. 이 점을 감추기 위해서 지원을 많이 받는 학술회의일수록 발표자를 많이 확보하는 경향이 있다. 이래야 토론이나 질문할 여유 없이 몰아갈 수 있기 때문이다.

그럼에도 불구하고 이런 식으로 발표된 논문 대부분은 오히려 좋은 평가를 받는다. 별 노력 없이 연구비를 타고, 실적을 올린다. '님도 보고 뽕도 따고', '일석이조(一石二鳥)' 같은 말로는 표현이 되지 않을 것 같다. 속된 말로 '날로 먹는다'고 해야 그 양상이 와 닿을 것이다.

이런 데 끼지 못 하는 사람은 업적을 내는 데 상당한 어려움을 겪게 된다. 그뿐만 아니라 어쩌다 발표하는 것까지 한두 번 짓밟히기 시작하면 사실상 경쟁이 되지 않는다. 이런 시스템이 결국 누구에게 유리할까?

이런 상황을 알고 나면 연구의 질을 올리는 데 무엇 때문에 신경을 쓰지 않는지 이해하기가 쉬울 것이다. 연구를 제대로 했건 말건 그 성과를 살리느냐 죽이느냐에는 별 영향이 없다. 그보다 학회 운영진을 비롯한 기득권층의 의사가 더 중요한 것이다.

그러니까 제대로 된 연구 성과를 내 보겠다고 몸 망쳐가면서 연구하는 사람보다, 평소에 잘 놀면서 인간관계 다져 놓은 사람이 살아남는 데에 훨씬 유리하다. 그래서 연구자들 사이에 공공연히 도는 말이 있다. 쓸데없이 연구에 신경 쓰지 말고 그 시간에 술 먹고 힘 있는 사람 사귀는 데에 신경 쓰라!

학생들이라고 이런 분위기를 파악하지 못하는 것이 아니다. 자신들의 생존과 장래가 걸려 있는 일이다. 겉으로는 열심히 공부해야 한다고 말은 하지만, 상당수가 내심 어찌해야 살아남을지, 감은 잡고 있다. 그래서 돌아서면 자신의 명줄을 잡은, 힘 있는 사람에게 잘 보이는 데 신경 쓰기 바쁘다. 그것이 싫을 만큼 자존심이 강한 사람들은 오히려 그 바닥을 일찍 떠나기 십상이다.

공개강의 = 무간지옥(無間地獄)

연구 업적 평가만 뽑고 싶은 쪽에 유리하게 이루어지는 것이 아니다. 교육 능력을 평가하는 강의평가 역시 더하면 더했지 못하지는 않다. 강의 능력을 평가하는 공개강의에 제대로 걸리면, 좀 심하게 말해서 무간지옥에 빠지는 꼴이 된다.

강의 능력을 평가받으려고 공개적으로 하는 공개강의가 왜 무간지옥이냐고? 속 모르는 사람들은 '공개강의'라니까 정말 공개적으로 강의만 한 번 하고 마는 줄 아는 모양이다. 해 보면 안다. 말이 공개강의일 뿐이지, 상당수가 '뽑을 놈 띄워 주고 안 뽑을 놈 짓밟는' 자리에 불과하다.

방법도 간단하다. 내정되어 있지 않은 자의 강의에는 동문 패거리 몰고 와서 되지도 않는 소리에 박수 보내고, 안 뽑을 자에게는 말 같지도 않은 생트집을 잡으면 된다. 트집 잡히는 입장에서는 그야말로 환장할 일이다. 그것이 아니라고 반박을 하면 건방진 놈으로 몰아 버리고, 얌전히 감수하면 무능한 것을 인정했다고 몰아간다. 어떻게 반응하건 안 뽑힐 쪽은 바보가 되게 되어 있다.

공개적으로 하는 공개강의가 이 정도다. 사실 말이 공개강의지 일개 교수 뽑는 공개강의 자리에 공정하게 하는지 보자고 많은 사람들이 구름같이 몰려들 일 없다. 결국 '그들만의 리그'인 셈이다. 오는 사람 뻔하니, 뻔한 사람들끼리 말 맞추면 사람 하나 바보 만드는 것은 순식간이다.

그나마 공개적으로 하는 행사가 이 모양이니, 밀실에서 하는 면접은 더하면 더했지 못할 것은 없다. 그 자리에서 이렇게 모욕당하는 것만 해도 자존심 강한 사람에게는 못 견딜 일이다. 하지만 대개 여기서 끝나지도 않는다. 내정되어 있지 않은 사람에게 모욕을 주는 이유는 뻔하다.

뽑는 쪽에서 유능한 교수를 뽑았다고 티를 내야 하기 때문이다. 그러기 위해서는 명분이 있어야 한다. 자기들이 내정해 둔 사람 이외에는 "막상 대해 보니 사람이 영 아니더라"고 해야 하는 것이다.

그래서 잘못 지원했다가는 두고두고 후유증에 시달린다. 그 바닥에 "알고 보니 몹쓸 녀석이더라"는 소문이 돌게 되면 후유증이 없는 것이 더 이상한 일이다. 어떤 경우에는 이런 모욕과 후유증 때문에 인생을 포기하는 사람도 생겼다는 전설이 있다.

이쯤 보여드리면 무간지옥이라는 말이 왜 나왔는지 이해가 될 것이다. 원래 무간지옥이라는 말은, 사람이 죽은 뒤 그 영혼이 이곳에 떨어지면 당하는 괴로움이 끊임없기[無間] 때문에 붙여졌다고 한다. 공개강의 한번 잘못하고 나면 바로 이런 꼴을 보게 되는 것이다.

물론 모든 경우의 공개강의가 이런 식은 아닐 것이다. 하지만 대부분의 경우 좀 점잖게 다루느냐 노골적으로 괴롭히느냐의 차이일 뿐, 근본적인 차이는 아니다.

논란을 잠재워 버린 일화

대한민국의 신임교수 채용에 대해서는 그동안 언론매체를 장식했던 화려한 사건들 덕분에 얼마나 문제가 많은지에 대해서는 대충이라도 '사회적 공감대'가 형성된 것 같다. 하지만 아직도 많은 사람들이 어디까지 갔는지 실감하는 것 같지는 않다.

잘 몰라서 그런 경우도 많지만, 개중에는 '믿고 싶지 않아서' 그런 경우도 있다. 그래서인지 이 문제는 아직 논란이 많다. 논란이 있던 와중에 믿고 싶어 하지 않는 쪽에 섰던 분 중 하나가 필자의 집안 어른이다. 혈연적으로는 필자와 아주 가까운 사이임에도 불구하고, 좋은 대학을 나오고 출세에 성공하여 높은 자리도 많이 거치신 분이라 아주 다른 성향을 가지게 되었다.

특히 대학사회의 비리 정도는 개인의 노력으로 얼마든지 극복할 수 있다는 지론을 가지고 계셨다. 시골에서 올라온 고학생으로 자수성가한 당신 자신이 바로 그러한 사례라고 굳게 믿고 있으니 나름 일리가 있는 셈이다. 이 분을 보면 대한민국 사회가 확실히 혈연신분제보다 학벌신분제가 강하다는 점을 느낄 수 있다.

그러나 이런 분조차 현실을 인정하지 않을 수 없는 사건이 터진 것이다. 사건의 개요는 이렇다. 어느 날 어른께서 한때 몸담았던 대학에서 후배 교수가 찾아왔다. 바로 그 대학 사학과에서 교수를 뽑는데, 누구를 뽑기로 내정해 놓았고 하필 그 전공이 마침 선배님 댁의 누구와 겹치는 분야이니 이번 지원은 포기하기로 해달라는 말을 전하기 위해서였단다.

빈말이 아니라, 이 말을 전해준 분께는 진심으로 감사했다. 헛고생을 하지 않도록 미리 알려주었을 뿐만이 아니라, "자기 능력 모자라서 안 풀리는 것을 두고 세상 탓하지 말라!"는 말로 필자를 압박하던 어른께 멋있게 한방 먹인 셈이 되었기 때문이다.

오랜 시간 '능력이 없어 실업자 생활하던' 필자는 이 기회에 실컷 한풀이를 해댔다. "거 보세요"를 연발하며, '제 배부르면 종 배고픈 줄 모른다'는 속담 인용에, "높은 자리에서 오랫동안 떠받들려 사셨으니, 그 바닥 비리가 귀에 들어올 리가 있습니까?"라는 말까지 뱉어 내며 10년 묵은 체증을 시원하게 해소했다. 어른께서는 아침 먹는 자리에서 소화도 안 되셨을 것이다.

이를 두고 어른께 너무 버릇없이 군 것 아니냐고 너무 나무라시지 않기 바란다. 나름대로는 그동안 쌓였던 한을 짧은 시간에 풀자니 말이라도 심하게 해야 했을 뿐 아니라, 그나마도 오래가지 못하고 곧바로 응징을 당했으니까.

응징하는 방법은 너무나 간단했다. "이번에 네가 지원해!" 이 한마디에 벼락을 맞았다. 차라리 죽으라고 하지. 속사정을 모르는 사람은 그것이 무슨 응징이냐고 할 것이다. 이것이 바로 알지도 못하는 사람들이 말 몇 마디로 애꿎은 사람 잡는 대표적인 경우다.

내막을 모르는 사람은 이미 내정되어 있는 교수 채용에 들러리 서는 고통을 모른다. 복잡한 서류를 준비하는 일은 예고편에 불과하다. 서류심사를 통과하면 여기서부터가 정말 고행길이다. 공정을 기한답시고 만들어 놓은 공개강의와 면접이 내정된 사람을 제외한 다른 지원자들에게는 무간지옥을 연상시킨다.

내정자가 있는 교수 채용에 지원하라는 말은 바로 이런 꼴을 당하라는 뜻이다. 어른께서 이런 일을 강요한 이유가 걸작이다. "내가 역사학계에 책임 있는 고위직에 있는 한, 노골적인 교수 채용 비리는 용납 못 한다."

용납 못 하면 별 수 있느냐고 맞받아치고 싶었지만, 이미 분위기는 기울었다. 이미 위험수위를 넘은 말을 많이 한 상태에서 입 한번 잘못 놀렸다가는 평생 안고 가야 할 아킬레스 건을 얻어맞을 것이 뻔했다. "그러니까 너는 아무것도 안 하고 집안에 손만 내밀고 살겠다는 이야기지?" 현재까지도 경제적 독립을 이루지 못한 필자에게는 일생의 노이로제거리다.

지옥 탈출기

진퇴양난에 빠진 필자가 어떻게 했을까? 여기서 처세 잘했다고 평생 자부할 장면이 연출된다. 필자가 즉각 찾아갔던 사람이 바로 내정자가 있다고 알려준 교수분이었다. 찾아가서 꺼낸 첫 인사가 "뽑아달라고 온 게 아닌 거 아시죠? 어떻게 떨어져 드릴까요?"였다. 다음으로 내정된 당사자를 만나 '당신 자리 탐낼 생각 없다'는 뜻을 밝히고 밥까지 잘 얻어먹었다.

속된 말로 '짜고 치자'고 합의를 했던 것이다. 그럼에도 불구하고 난점은 정말 많았다. 필자가 원했던 서류심사 탈락은 과 교수들이 하는 것이 아니라서 안 된단다. 전공 적합성도 내정자 이외에는 가장 가까울 것이기 때문에 조기 탈락이 어렵다고 했다. "최종심사까지만이라도 가지 않게 해 달라"는 당부에도 불구하고 사태가 마음처럼 풀려주지 않았다.

관행상 별 문제가 없다고 생각했던 해당 학과에서 입단속을 하지 않는 바람에, 그 학교 출신이 내막을 누설해 버린 것이다. 전공학회 뒤풀이 자리에서 '이번에 누구 뽑는다'고 말을 해 버렸으니 더 할 말이 없다. 그 바람에 아무도 지원하지 않았다. 이 때문에 졸지에 등 떠밀려 지원했던 필자가 결승까지 들러리를 서야 하는 사태가 터졌다.

최악의 사태에도 불구하고, 그 과정에서 그 학교 교수들이 해 준 배려는 지금까지도 감사한다. '공개강의'부터 비공개로 해 주었다. 내 정자가 준비해 온 성대한 다과 덕분에 공개강의라기보다 '다과회' 분위기였다.

그런 와중에도 눈치 없이 "전공에 적합하지도 않은 분께서 무엇 때문에 지원했습니까?"라고 묻는 교수가 있어서 여러 사람이 민망해지는 일이 있었다. '그럼 다 때려 치고 그냥 갈게요'라고 치밀어 오르는 말을 맛있는 다과로 꾹꾹 누르며 자리를 마쳤지만, 눈치 없는 한 사람 때문에 좋게 넘어갈 분위기를 망치고 말았다. 그 눈치 없는 교수가 나중에 부총장까지 되었단다. 그런 눈치로도 출세할 수 있다니 세상은 참 요지경 속인 것 같다.

말 나온 김에 속 긁힌 이야기 하나만 추가해 보자. 들러리를 서 주고 돌아오던 길에 어떤 선배 하나가 '축하 전화'를 주었다. "어른께서 계시던 대학이니 네가 될 게 틀림없다"라나? 선배고 자시고 따질 겨를도 없이 속 모르는 소리 말라고 소리를 지르고 전화를 꺼버렸다. 이래서 아무리 짜고 치며 온갖 배려를 다 받아도 짜증나는 일이 생기게 마련인 것이다.

이 이야기를 듣고 나서 "끝까지 싸워 보지도 않고 불의와 타협한 것이 무슨 자랑이냐?"라고 하는 사람도 많았다. 여기에 대해서는 필자도 할 말이 많다. 우선 그런 사람들에게는 "싸움이라는 게 뭔지나 똑바로 알고 말하라"고 해 주고 싶다.

'싸움'이라고 하면 아무리 약한 쪽이라도 한 방은 칠 수 있는 구조가 되어야 성립하는 개념이다. 모든 결정권을 다 쥐고 있는 쪽에 그저 "예쁘게 봐 주세요"할 수밖에 없는 구조를 싸움이라고 하는 것 자체가 웃기는 소리다. 교수 채용은 전형적으로 코 꿰인 상태에서 처분만 바라볼 수밖에 없는 구조다. 차라리 무장해제를 시켜 놓고 기관총과 지뢰가 깔려 있는 적진으로 몰아대는 쪽이 나을 것이다.

무엇보다 그 바닥 고위직에 있는 사람도 손을 못 대는 일을 가지고, 힘도 없는 밑바닥 시간강사에게 "맞부딪쳐 해결하라"는 자체가 웃기는 짓이다. 이런 구조에서 '싸움'이라는 것을 해 보려면, 드라마 〈하얀 거탑〉에 나오는 것처럼 뇌물을 돌리고 온갖 음모를 꾸미는 것밖에 없다. 즉 기득권자들이 만든 비리 구조에 동참하라는 꼴밖에 안 되는 것이다.

그렇기 때문에 이렇게 큰 피해를 받지 않고 빠져 나온 것이 '무용담'이 된다. 그동안 잘 지내던 사람들하고 감정 상하는 일이라도 피했다. 지금 교수가 되어 있는 당시 내정자와도 웃으면서 만날 수 있다.

가끔은 우악스럽게 고집 센 상관을 설득하는 것보다 차라리 적과 타협을 하는 것이 훨씬 나은 경우가 있다. 그래도 말이 통하는 적이라면 "싸울 의사가 없으니 피차 피해 보지 않도록 적당히 피하자"는 타협이라도 해 볼 수 있으니까. 이 경우가 바로 그렇다.

이에 비해 철없이(?) 행동해서 분란을 만든 어른께서는 후배들과 한동안 연을 끊고 지냈다. 기관장으로 계시던 곳에 후배 교수들이 한동안 얼씬도 못 했을 정도니까. 그래 봤자 1년도 못 가서 화해했으니 공연한 짓을 한 셈이다.

필자 역시 멋있게 복수했다. "용납 못 하니 별 수 있던가요?" 사태가 정리된 후 필자가 갖게 된 신무기다. 적어도 집안에서는 교수 채용의 공정성에 대한 시비가 싹 없어졌다. 이 덕분에, "집안에 손만 내밀며 살려고 한다"는 전가(傳家)의 보도(寶刀)가 무기력해지는 보너스까지 얻었다.

이후로는 교수 채용 문제로 골치를 썩을 일까지 없어졌다. 그 뒤로 한두 번 낸 곳에서는 "안 뽑아 줄 거면 서류심사에서 탈락시켜 달라"는 요청이 먹혀들었다. 그나마 집안 어른이 상황을 인정할 수밖에 없게 된 다음부터는 아예 원서조차 내지 않는 것까지 양해를 받았다. 현재는 어디 교수 채용 공고가 나건 말건 단순한 호기심 이상의 신경을 안 쓰고 산다.

요즘에는 노골적인 모욕이 많이 줄어들었는지는 모르지만, 근본적으로 나아진 것 같지는 않다. 사실 가장 얄미운 곳은 "우리는 공정하게 뽑는다"고 공언하고 다니는 대학교다. 실제로 공정하게 뽑기 때문에 그런 말을 하는 곳도 있겠으나, 필자가 아는 대부분의 경우는 파렴치한 위선이다. 그 과정에서 얼마나 많은 사람들에게 모욕과 상처를 줄지 생각하면 등골이 서늘하다.

'예의'조차 악용되는 현실

교수사회에서는 예의가 매우 강조된다. 학생들 가르치는 점잖은 직업이니 이 자체가 이상하거나 나쁠 것은 없다. 그렇지만 이조차도 악용되는 것이 현실이다.

뭐가 문제가 되는지는 기득권층이 원하는 예의를 갖추어 보면 안다. 초년병 시절 선학들에게 충고를 받았던 예절이 있다. 항상 조용하게 행동할 것이며, 말할 때나 글을 쓸 때 직설적인 표현은 삼가라는 것이다. 지금도 초년병들이 귀가 따갑게 듣는 말이다.

대부분의 사람들이 이런 태도가 예절 바르다고 여길 것이다. 물론 이 자체가 틀렸다고 하자는 뜻은 아니다. 문제는 당연히 지켜야 할 예의조차도 상황에 따라서는 완전히 다른 결과를 낸다는 것이다.

요즘 많은 사람들이 '소통'에 어려움을 느낀다. 애초부터 소통할 생각이 없는 경우가 많기 때문이기도 하지만, 소통을 하지 않으면 서로 손해를 보는 경우에도 제대로 되지 않는 경우도 있다. 그만큼 우리 사회는 남의 말을 제대로 듣고 자기 뜻을 전달하는 능력이 부족하다는 뜻이다.

이런 상황에서 말을 빙빙 돌리며 우회적으로 전달했을 때 어떤 사태가 날까? 대부분의 사람들에게 말하고자 하는 뜻이 제대로 전달되지 않는다. 사실 학회같이 전문가들 모임에서는 남의 말을 열심히 듣는 줄 아는 경우가 많다. 실제로 현장에 가 보면 그렇게 되는 경우는 별로 없다.

　20년 가까이 그런 곳을 전전한 경험으로는 분명히 그렇다. 점잖은 표정으로 열심히 듣는 척하지만, 대부분은 졸거나 딴 생각을 한다. 끝나고 관심이 있었던 내용을 물어 보면 제대로 아는 사람이 별로 없는 사태를 수없이 겪어 보면서 확인한 사실이다.

　이런 상황에서는 직설적으로 말을 해도 제대로 전달되지 않게 마련이다. 하물며 조용하게 우회적으로 말을 하면 더 말할 나위가 없다. 검증이 생명인 학술발표에서는 요점을 정확하게 전달하는 것이 중요하다. 그러니 예의보다 확실한 내용 확인과 격의 없는 논쟁으로 검증하는 편이 학술회의에서는 더 중요할 수도 있다.

　그런데 이런 점이 중시되지 않는 이유는 무엇일까? 모든 경우가 이렇게 하기 위해서는 아니겠지만, 많은 사람들이 제대로 알아듣지 못한 상황을 악용하는 경우가 많다. 즉 실제 발표에서 나온 말을 몇몇 사람이 제멋대로 왜곡해 버릴 수 있다는 것이다.

　설마 점잖은 학자분들께서 그런 짓까지야 하겠느냐고 생각할 사람도 많을 수 있다. 사회에 뿌리박힌 상식만으로 본다면 그렇게 생각하는 것이 무리가 아닐지도 모른다. 그러니까 당해 보지 않은 사람은 모르는 것이 당연할 수 있다. 하긴 필자는 당해 보았기 때문에 아는 것인지도 모른다. 그러니 그 경험을 한번 소개해 보기로 한다.

　벌써 18년이 지나간 일이다. 필자가 박사학위 논문을 심사받는 자리에서 같은 고대사 전공인 서울대 출신 모 교수의 논문을 베꼈다는 지적을 받은 적이 있다. 뒤에 조금 더 재미있는 반증을 보여드리겠지만, 물론 그 말은 터무니없는 거짓말이었다.

근거라는 것도 별 게 아니었다. 필자가 베꼈다고 지목되었던 그 교수께서 친히 소문을 퍼뜨리고 계셨다는 것이었다. 달리 제시된 근거라고 해봐야 그 교수 논문을 주석에 많이 달아 놓았다는 정도였다. 하지만 그 새빨간 거짓말이 심사하는 자리에서 나오자 대단한 위력을 발휘했다.

내용을 펴놓고 비교하기만 해도 간단하게 확인할 수 있는 사실이었건만, 문제를 제기한 사람은 굳이 그런 수고를 할 생각이 없었다. 그리고 그런 황당한 주장에, 전공과 조금 거리가 있던 3명의 심사위원이 심각하게 동요했다. 나중에 총장까지 지내시게 된 필자의 은사께서 매우 곤혹스러워 하셨던 기억이 지금도 생생하다.

어찌어찌 해서 학위를 받기는 했지만, 후유증은 길었다. 알고 보니 이미 학계에는 기정사실처럼 퍼져 있었다. 박사학위를 주신 은사조차 "당분간 출판하지 말라"는 조건을 붙여 통과시켜 주었을 정도였다. 또 역사학계에 몸담고 있던 필자의 집안 어른조차 동문들의 선동에 넘어가 직접 확인해 보자고 논문을 가져가 검토하는 일도 있었다.

개인적인 넋두리를 늘어놓자는 뜻이 아니다. 이 사건에서 확인할 수 있는 몇 가지 사실의 의미를 되짚어 보자는 뜻이다. 필자의 표절 혐의는 당연히 얼마 가지 않아 벗겨졌다. 시간이 꽤 지난 지금은, 사실이라고 우기려 했던 당시와는 달리 아무도 그런 일이 있었다는 사실조차 입에 담으려 하지 않는다. 더욱이 그때 표절 혐의를 씌운 교수를 개인적인 자리에서 만나면, 이제는 필자가 그 교수를 놀려 먹는 '전가의 보도'로 이용한다.

문제는 그런 새빨간 거짓말이 어떻게 한 연구자의 학문적인 생명이 걸린 자리에서 아무렇지도 않게 구사될 수가 있었느냐는 점이다. 사실 이 사건을 그 교수 한 사람의 개인적인 문제라고 우기려 할 것이다.

하지만 당시 상황을 보면 그게 그렇지가 않다. 일단 그렇게 심사 대상이 된 논문을 제대로 읽어 보지도 않고 되지도 않는 심사를 했던 사람이 제재를 받았던 적이 전혀 없다. 유일한 제재라면 필자가 마주치는 자리에서 '그때 그 일'로 놀려 먹는 정도뿐이다.

그나마 이런 응징(?)도 대학사회에서 더 이상 뭐가 되어 보겠다는 생각을 포기한 필자 정도에게나 가능한 짓이다. 대부분의 사람들은 꿈도 못 꾼다. 그렇다면 굳이 '제 버릇을 개 줘 버릴' 필요 자체가 없다. 다른 심사에 가서도 얼마든지 비슷한 일을 벌이고 다녀도 그만이다.

그런데 왜 문제가 안 되고 있을까? 필자가 당했을 때와 같은 이유다. 아무리 억울한 소리를 듣더라도 '성스러운 교수님'들에게는 군소리해서는 안 되는 것이 이른바 관행이다. 나중에 이 바닥에 붙어 먹으려면 그저 처분만 바랄 수밖에 없다는 것이다.

이런 분위기는 혼자서 만들어 낼 수 있는 것이 아니다. 게다가 고대사 연구자들 사이에 파다하게 퍼져 있던 표절 소문은 무엇이었을까?

사실 '양심'이라는 것이 통하는 분위기였다면 일어날 수가 없는 현상이다. 읽어 보기만 해도 쉽게 확인할 수 있는 일을 이른바 '전문가'라는 사람들이 몇 년 동안이나 구별을 못 했을까?

이 현상이 보여 주는 바는 명백하다. 대학사회의 핵심인 교수와 강사, 석·박사 과정 학생 등의 판단 기준은, 자기들이 평소에 가르치는 '정의의 편'이 아니라 '힘 있는 자의 편'이라는 사실이다.

박사학위를 받은 다음, 아직도 철이 없어 세상에 기대가 많았던 필자는 많은 사람들을 만나 어떻게 그런 터무니없는 거짓말을 퍼뜨릴 수가 있느냐고 물었다. 돌아온 대답이 이랬다. "그렇게 억울했으면 왜 베꼈다는 말이 돌았을 때, 당사자에 대해 아무 반격이나 변명을 하지 않았느냐?"는 것이다.

그 이후 필자는 입만 열면 거짓말 퍼뜨린 교수를 비난하고 다녔다. 그랬더니 어찌 되었을까? 표절 혐의는 쉽게 벗었지만, 그 대가로 필자는 성질 더러운 인간으로 몰렸다. 이 점은 필자만 당하는 것이 아니다.

모략을 당했을 때, 가만히 있으면 그 점을 인정하는 꼴이 되고 아니라고 반론을 펴면 '성질 더러운 인간'이 되어 매장 당한다. 어찌 되건 힘 있는 교수들이 원하는 대로 결론이 나게 되어 있는 것이다. 이 바닥에서 '예의'란 바로 이렇게 조용히 당하지 않으면 무례한 놈으로 몰아 버리는 역할을 한다.

세습되는 부실

실력 없는 교수들이 설치는 꼴을 볼 때마다 주변에서 흔히 듣는 말이 있다. "정년 언제 되나?" 저 사람만 나가면 엉망이 되는 꼴 안 봐도 된다는 뜻일 거다. 하지만 이런 소박한 기대는 대개 이루어지지 않는다.

그 교수가 정년퇴직을 하고 나서도 더하면 더했지 못하지 않는 사람이 들어오기 십상이기 때문이다. 그래서 대학사회에서는 "우리 학교 교수는 동기들 중 제일 병신 같은 놈 골라서 시킨다"는 말까지 나온다.

좀 심한 말 같지만, 내막을 알고 보면 이런 말이 나오는 것이 무리도 아니다. 실력 떨어지는 교수에게 두려운 일 중 하나는 자신의 실력이 들통 나는 일이다. 하지만 대부분의 사람은 교수의 실력을 가늠하지 못한다.

우선 전문 분야에 대한 이해가 부족하다. 여기에 이말 저말 교묘하게 섞어 무슨 말인지 못 알아듣게 만드는 것 하나만은 탁월한 재주를 가지고 있는 것이 교수들이다. 무슨 말인지 알아듣지 못하게 하는데야 그 분야를 모르는 사람들이 알아볼 방법이 없다.

따라서 이것을 밝힐 수 있는 집단은 같은 분야의 전문가들이다. 물론 평소에는 별로 걱정할 필요가 없다. 같은 동료 교수나 연구자 집단을 다루는 방법은 이미 밝혔으니 다시 다룰 필요는 없을 것이다.

문제는 정년퇴직 이후다. 이때 겁나는 존재가 생길 수 있다. 바로 자신의 후임자이다. 전임자의 입장에서 후임자는 자기 분야의 전문가이자 학생들에 대한 교육을 포함한 자기 학교 학과의 모든 활동을 이어받을 사람이다. 전임자의 능력에 대해서도 자연스럽게 파악할 수밖에 없다.

이런 입장에 선 사람이 자신의 시스템을 새로 구축하기 위해서는 이전 체제에 손을 대지 않을 수 없다. 특히 전임자가 잘못해 놓은 부분에 대해서는 바로잡아 놓아야 자신이 편해진다. 그 과정에서 전임자의 모든 문제가 드러난다. 능력 있는 후임자가 오면 바로 이 꼴을 보아야 한다.

또 한 가지 요소가 추가된다. 상당수의 교수들이 정년퇴직 이후에도 자신의 영향력을 유지하고 싶어 한다. 능력이 뛰어나 그동안의 경험과 노하우를 활용하자는 뜻이라면 상관없겠지만, 문제는 능력도 없는 사람들이 퇴직 이후에도 계속 힘을 쓰려 한다는 것이다.

정년퇴직을 앞둔 노교수의 입장에서 이 골치 아픈 문제에 대한 해결책은 간단하다. 자기보다 훨씬 무능한 자를 후임자로 앉히면 그만이다. 드라마 〈하얀 거탑〉에 나오는 후계자 암투 정도는 그래도 건전한 축에 속한다. 거기서는 그나마 남의 눈이라도 의식해서 실력 있는 후보를 내세워 경쟁시켰다. 현실에서는 기본적인 실력도 갖추지 못할 만큼 무능한 인사를 앉히는 경우가 많다.

무능한 후임자가 오면 전임자의 잘못을 따질 처지가 못 될 뿐만 아니라, 오히려 없는 능력으로 살길 찾을 걱정부터 해야 한다. 사실 살길은 하나뿐이다. 자신을 교수자리에 앉혀 준 사람들에게 매달려야 한다. 전임자가 해 온 일을 그대로 이어받으며, 그런 일들을 미화시키기까지 해야 한다.

예외가 있기는 하지만, 학과 교수들이 후임자를 결정하는 경우가 많은 현재의 구조에서는 상당 부분의 교수 채용이 이런 식으로 결정된다고 보아도 무방할 것이다. 좀 심한 말 같지만 교수사회가 돌아가는 마인드를 감안하면 무리한 말 같지는 않다.

대학의 학과를 운영하는 불문율 중의 하나가 교수들 사이에 갈등을 만들지 말라는 것이다. 성향이 다른 교수가 들어오면 기존의 교수들과 갈등이 생길 소지가 많아진다. 그런 갈등을 만들지 않는 방법은 간단하다. 풀빵 찍어 내듯이 전임자와 똑같은 성향을 가지고 있는 사람을 후임자로 뽑으면 된다. 그렇지 않아도 교수와 학생의 관계를 교주와 신도의 관계처럼 여기는 사람이 많다.

능력까지 없으면 대들 일도 없어질 테니 교수들의 입장에서는 최고의 교수 요원이다. 이러니 '가장 병신 같은 놈을 골라' 교수를 시켜 줄 수밖에 없다는 말이 나오는 것이다.

이런 사람은 골라내기도 쉽다. 조교같이 교수들 시중드는 일부터 시작해서 10년 이상 궂은 일을 맡아 하던 사람 중에서 고르면 된다. 그래서 "교수 되고 싶으면 10년 이상 노비생활을 해야 한다"는 우스갯소리도 있다. 또 "너무 잘 하지도 말고 못 하지도 말고"라는 말도 있다.

　우리 사회에서 교수 채용 비리라고 하면 대부분이 돈을 써서 교수가 되는 경우를 떠올린다. 하지만 알고 보면 이게 최악의 비리는 아니다. 우스갯소리로 "돈 써서 교수되면 실력 있는 사람도 들어올 수 있다"는 말도 나온다.

　반면 교수를 중심으로 한 대학사회 구성원에게 선택을 맡기면 실력 있는 사람이 교수가 되기는 그야말로 '낙타가 바늘구멍에 들어갈' 확률이 된다. 그러니 이런 식으로 몇 세대만 교수가 바뀌면 그 수준이 어떻게 될지 두말할 필요가 없을 것이다. 뒤집어 말하면 유능한 연구자들이 매장되는 이유, 인재가 제대로 양성되지 못하는 이유도 같은 맥락에서 나온다.

4장

누가 검증 없는 사회를
만들고 싶어 할까?

검증과 대학

앞에서 대학사회가 얼마나 험악하게 돌아가고 있는지에 대하여 여러 가지 사례를 늘어놓았다. 믿기지 않을 수도 있고, 믿고 싶지 않을 수도 있다. 흥미 있게 읽은 사람이라도 긴가민가하는 사람도 많을 것이다.

그런데 근본적인 의문이 들지 않을까? 이렇게 험악한 일들이 실제로 일어난다면 나름대로 큰일이다. 그런데 무엇 때문에 이런 문제들의 대부분이 불거지지 않을까? 어찌 보면 이 점이 가장 근본적인 문제라고 할 수 있을 것 같다. 대학의 역할과 관련해서도 중요한 요소이다.

원칙적인 측면만 볼 때, 대학이라는 곳은 사회에서 상당히 중요한 역할을 한다. 그 역할 중 하나가 '검증'이라는 것이다. 시대가 시대니만큼 그 역할은 더 커지게 된다. 시대가 지나면 지날수록 사회는 복잡해지게 마련이기 때문이다. 그에 발맞추어 각 분야도 세밀하게 나뉜다. 이렇게 되니 사람 하나하나가 소화할 수 있는 지식에 한계가 생긴다.

원시시대야 사람마다 각각 집을 짓고, 사냥도 하고, 농사도 지었을 것이다. 하지만 요즘은 어림도 없다. 농사꾼이 현대식 건물을 짓는 것은 고사하고, 기본적인 설계도조차 이해하기 어려운 시대다.

그래서 각 분야마다 깊은 지식을 가진 '전문가'들이 생겨난다. 사회에서 이들의 역할은 절대적이다. 유능한 전문가들이 없거나, 부족하기만 해도 그 분야와 관련된 일에 관한 한 사회 전체가 타격을 받는다.

대학은 바로 그런 전문가들을 양성하고 활동할 수 있는 기반을 주는 곳이다. 그래서 대학이라는 곳이 단순한 학교 이상의 중요성을 가지게 되는 것이다. 문제는 다음부터다. 이런 중요성을 가진 대학이 제 기능을 못 하게 되면 어떻게 될까?

전문가라는 사람들이 자기 분야에 대한 깊은 지식을 가지고 사회에 필요한 역할만 한다면 이 뒤의 이야기는 할 필요가 없다. 뒤집어 말하자면 이 뒷이야기가 필요하다는 것 자체가 그만큼 현실이 암담하다는 이야기다.

전문가 집단의 문제점은 이런 것이다. 자기 자신의 사리사욕을 채우기 위해서 또는 권력에 아부하기 위해서, 심지어 무늬만 전문가지 사실상 제대로 알지도 못하면서 전문가 행세를 하다가 등등, 이유는 여러 가지가 있을 수 있다.

문제는 이러다가 진짜 전문적인 지식으로 판정해야 하는 문제를 엉터리로 판정하는 수가 있다는 점이다. 그럼으로써 사회 전체에 엄청난 파문을 일으킬 수 있는 것이다.

예를 하나 들어 보자. 누가 다른 사람을 죽도록 유도해 놓고 유서를 대신 써 놓았다는 사건이 있었다. 이런 사건에서는 유서의 필적이 결정적인 증거가 된다. '필적 감정 전문가' 이외에는 판정할 사람이 없다. 이 경우 '필적 감정 전문가'가 "이 유서는 다른 사람이 쓴 것이다"라며 '그 필적은 바로 이 사람 것'이라고 하는 순간 지목된 사람은 꼼짝없이 범인으로 몰리고 끔찍한 처벌을 받아야 한다.

그런데 '필적 감정 전문가'가 어떤 이유에서이건 거짓말을 했다면? 애꿎은 사람을 범인으로 만들어 죽을 고생을 시킨 꼴이다. 그리고 이게 한 사람만의 비극으로 끝날 문제가 아니다. 몇몇 사람 마음먹기에 따라서는 누구나 억울한 꼴을 당할 수 있다는 뜻이다. 주변에서 실제로 많이 벌어지는 일이다.

이래서 강조되는 것이 '검증'이다. 전문가라고 해도 일부러건 실수건 잘못된 판단으로 관련된 일에 엄청난 피해를 줄 수 있다. 그렇기 때문에 한 사람이 내린 결론을 무조건 믿을 것이 아니라 이중 삼중으로 확인하자는 뜻이다. 여기에 대해서는 누구도 뭐라고 군소리할 사람은 없을 것이다. 그만큼 검증이 중요하다는 점은 두말하면 잔소리다.

문제는 이 역시 악용되면 말짱 헛것이라는 점이다. 전문적인 지식이 필요한 문제를 검증하자면 뭐라고 해도 전문가들이 해야 한다. 그래서 전문가들끼리의 철저한 토론과 합의를 거쳐 결론이 나와야 잘못을 저지를 확률이 줄어든다.

그런데 현실에서는 이 당연한 원칙대로 하는 것이 만만치가 않다. 특정 분야에 기득권을 가진 전문가 집단은 외부에는 철저하게 배타적이면서도 자기들끼리는 그냥 적당히 넘어가자는 경향을 가진 경우가 많다.

심지어 특정한 계파가 그 분야를 장악하고 있으면, 그 분야에 웬만한 사람에게 물어서는 천편일률적인 결론이 나오기도 한다. 물론 그 결론이 그 분야에서 확실히 인정받는 결론이라면 상관없겠지만, 그렇지 않은 경우도 많다는 것이다. 대한민국 사회에 있어서 불행한 일은 이것이 단순한 가능성이 아니라 실제 상황이라는 점이다.

얼마 전에 터졌던 '국새(國璽)' 관련 사건도 이에 속한다. '전통기법'으로 국새를 만든다는 사람에게 제작을 맡기면서 상당한 양의 금덩어리까지 제공했다. 그런데 어떻게 되었나? 알고 보니 그 사람은 전통기법을 알지도 못했다. 당연히 국새도 전통기법으로 만들 수 없었다.

능력도 없이 나선 이유는 당연히 다른 곳에 있었다. '국새 만든 사람'이라고 자기 권위를 높이고, 이를 이용해서 여러 가지 이권을 챙긴 모양이다. 국새를 만들라고 준 금덩어리도 빼돌려 뇌물로 바쳤다고 한다.

이 모든 사태가 검증이 제대로 되는 사회라면 처음부터 엄두를 내지 못할 일이다. 전문가들끼리라면 전통기법으로 국새를 만들 능력이 있는지 없는지 몰라볼 리가 없다. 그런데도 능력이 전혀 없는 사람이 추천되었다.

뒤집어 말하면 내막을 알지도 못하든가, 처음부터 거짓말을 하자고 작심한 몇몇 사람이 추천하면 대한민국의 중요한 사업을 따낼 수 있다는 이야기다. 이런 일이 '국새 사건'에서만 일어났던 것일까? 흉측한 일들이 일어나면서도 불거지지 않는 이유를 강력하게 시사해 주는 대목이다.

무관심 속에서

현재 대한민국 교육과 대학의 비리 구조를 두고 말하자면, 큼직한 몸통 하나라기보다 각 부분의 비리가 거미줄처럼 얽혀 있는 구조라고 할 수 있다. 그러니까 이런 구조를 개선하려면 각 부분에 대하여 제대로 이해하고 나서 손을 대야 한다. 그렇지 않고서는 지엽적인 문제 하나를 붙들고 되지도 않는 해결책에 매달리는 꼴을 면할 수 없다.

교수 채용 비리 같은 것이 좋은 사례다. 대부분의 사람들이 돈이나 권력자를 등에 업고서 교수 자리 꿰차고 들어가는 것이 문제의 전부인 줄 안다. 앞서 보여 드렸듯이 능력이라고는 선생들 뒤치다꺼리밖에 못 하는 작자들이 들어오는 문제가 더 심각하다는 점을 생각하는 사람은 매우 적다. 이 집단 자체가 근본적으로 썩어 있기 때문에 이런 일도 가능해진다는 생각을 잘 하게 되지 않는 것이다.

문제를 일으키는 집단도 권력자와 재단뿐 아니라, 학교 보직자나 학과 교수같이 얼핏 별 힘이 없어 보이는 사람이나 집단도 하나하나의 사례에 있어서는 결정적인 역할을 할 수 있다. 그 수법 역시 기상천외하다며 혀를 내두를 정도로 온갖 수단이 다 동원된다. 그러니 뇌물 주는 것이나 권력자의 개입을 막는 등의 방법으로 수법 하나 못 쓰게 한다고 해결될 상황이 아니다.

교수 채용 문제 하나만 보아도 이럴진대, 각 전문 분야의 문제는 더 말할 나위도 없다. 그래서 이 바닥이 제대로 돌아가게 하려면 검증부터 제대로 해야 한다는 뻔한 말이 자꾸 강조되는 것이다.

어떤 사람은 검증이 제대로 되지 않는다는 말에 이렇게 반응할지도 모른다. 대학사회가 얼마나 말이 많은 곳인데, 파렴치한 짓을 해 놓고 말질·글질 등쌀에 견디어 낼 수 있겠느냐고. 이 말만 따로 떼어 놓고 생각하면 일리가 있는 말이다.

당장 필자만 하더라도 많은 교수들에게 싫은 소리하면서 살아왔다. 개중에는 망신당하고 활동에 타격받는 사람도 있었다. 그렇지만 이역시 좀 더 파고들어가 보면 별 것 없다. 타격이라고 해 봐야 마주칠만한 자리 몇 군데 나서기가 거북해졌다는 정도 이상은 아니다. 이른바 '뒷담화'로 대부분의 문제를 해결하는 풍조에서 실질적인 타격이되지 못하는 것이다.

주변의 말 많은 사람들의 등쌀에 기득권층이 견뎌 내기 어렵게 되려면 실질적인 타격이 되어야 한다. 하지만 현실에서 그렇게 되는 경우가 얼마나 될까? 이런 경우는 대개 총장이나 정부 고위직에 추천된 교수들의 경우같이 세간의 주목을 받는 사람들에게는 해당이 될 수도 있다. 많은 사람들이 관심을 갖게 되고 여론이 들썩이니까 실질적인 압박이 들어가는 것이다.

하지만 별로 높은 자리에 있지 않은 사람에게는 이런 압박이 들어가리라는 기대를 하기 어렵다. 역사학이나 경제학 등 골치 아프다고 사람들이 별 관심을 갖지 않는 분야에 대해서는 더 말할 나위가 없다. 깊이 생각하지 않더라도 기대하기 어려운 상황이라는 감을 잡을 수 있을 것이다.

그래서 언론사 기자 출신 한 분이 이런 말까지 했던 기억이 난다. "요즘에는 높은 사람이 비리를 저지르기가 쉽지 않다. 문제가 불거지기 시작하면 인터넷 덕분에 금방 퍼져서 통제하기가 어렵기 때문이다. 그런데 오히려 중간 정도 되는 위치에 있는 사람들이 저지르는 비리는 어느 누구도 관심을 갖지 않는다." 대학사회에서도 총장·학장 정도 되는 지위를 가지고 있어 여러 사람이 주목을 하는 위치에 있으면 비리가 불거질 수 있어도 평교수들이 자기 전공에서 엉터리 연구를 내놓는 정도에 관심 갖는 사람은 거의 없다.

이렇다 보니 문제 있는 전문가들도 조금만 신경 써서 대응하면 쉽게 문제를 묻어 버릴 수 있다. 물론 되지도 않는 말을 만들어 내서 억울한 비판을 받았을 때에는 당연히 대응을 해야 한다. 그러나 정말 파렴치한 짓을 해 놓고도 그야말로 말 같지 않은 변명을 늘어놓는 교수들이 언론매체를 장식하는 사건만 해도 여러 차례 일어났다.

'말 같지 않은 변명'이라는 것도 세상에 드러나 스스로 인정한 경우에나 쉽게 할 수 있는 것이다. 대부분의 경우 아는 사람이나 알지, 대다수 대중들은 알지도 못하는 상태에서 논쟁이 진행되다가 끝난다.

여기에 혼자서만 변명을 늘어놓는 것이 아니다. 특히 '교수'같이 감투가 있으면 최소한의 인맥은 유지하게 마련이다. 이 인맥 대부분은 당사자와 이권이 걸려 있다. 자기 일처럼 나서서 편을 들어 주는 사람이 꽤 된다. 이런 사람들이 모이면 제법 힘 있는 패거리가 형성된다. 아무리 말 같지 않은 소리라도 패거리가 지어져 우기기 시작하면 위력이 달라진다. 그러면 싸움의 양상이 어떻게 될까?

교수를 비판하는 사람은 대개 혼자다. 자신이 확인한 사실과 다른 헛소리를 해 대니 확인하기 위하여, 혹은 홧김에 터뜨리는 경우가 많기 때문이다. 비판하는 사람이 많아도 서로 협조하게 되는 경우는 그리 많지 않다. 반면 교수를 중심으로 한 패거리는 이권으로 똘똘 뭉쳐 있다. 이 패거리가 상대를 하나하나 각개격파해 나가면 웬만한 사람은 견뎌 내기가 어렵다.

게다가 이 논쟁으로 받는 타격도 비교가 안 된다. 강철밥통을 안고 있는 교수들을 그저 한동안 얼굴을 비치지 않는 정도로 끝난다. 이에 비해 힘 있는 교수들을 비판한 측은 그 바닥에서 매장당할 각오를 해야 한다.

어떤 분야건 교수를 비판할 수 있는 수준이라면, 그 분야 전문가이거나 아마추어라도 최소한 고수급은 되어야 한다. 해당 분야에 미련이 많을 수밖에 없는 입장이다. 그런 입장에 처한 사람이 자기 인생 매장당할 각오를 하기는 쉽지 않다.

그러니 궁극적인 승부는 뻔하다. 아무리 파렴치한 짓을 하더라도 교수 측에서는 조금만 버티면 상대방이 알아서 다 나가떨어지게 마련이다. 이러저러한 수법으로 다 빠져나가는 것을 보면 어쩌다 학술적인 문제로 응징을 받는 교수들을 보면 오히려 이상하다고 여기는 분위기가 된다. 알 만한 사람들은 오히려 응징 받은 배경을 더 궁금해한다. 그런 문제도 막지 못할 정도면 더 힘 있는 사람하고 악연이 얽혀 있는 것 아니냐는 식이다.

걸리면 자신이 잘못해서 걸렸다고 생각하기보다 '재수가 없어서'라며 투덜대는 것도 상황이 이렇기 때문이다. 모두가 다 하는 짓인데 자기만 걸렸다면 그렇게 생각하는 것도 무리가 아닐 테니까. 현실이 이러니 부실을 넘어 파렴치한 내용을 연구 성과랍시고 내놓고도 당당하게 나댈 수 있다.

역으로 이용되는 부작용

전문가 집단이 자신들의 사리사욕이나 권력에 휘둘리기 쉽기 때문에 이들끼리 해대는 '검증'이라는 것에 의지할 수 없다는 생각이 퍼지고 있다. 그렇다면 대안은 있을까?

어떤 사람은 인터넷의 발달 덕분에 믿지 못할 일부 집단의 검증에 기댈 필요가 없다는 말도 한다. 아닌 게 아니라 일리가 있다. 필자도 최근에 낸 책의 내용 일부를 블로그에 올려놓았다가, 관계된 내용 중 세부적인 부분까지 오류와 추가 지식을 제시해 오는 경우를 직접 경험한다. 그야말로 '뛰는 놈 위에 나는 놈 있다'는 속담을 절감하는 중이다.

여기에 권력의 통제가 쉽지 않다는 점도 인터넷의 장점으로 꼽힌다. 옛날에는 권력자들이 언론 몇 군데만 틀어막으면 원하지 않는 정보가 퍼지는 것을 막을 수 있었는데, 요즘에는 어림없다는 말도 나온다.

사실을 아는 누군가가 인터넷의 어느 부분에라도 올리면, 삽시간에 퍼져 나가기 때문에 도저히 막을 수가 없다. 그리고 요즘 풍조에서는 거짓을 참지 못하고 밝히는 사람이 꼭 있다고 한다. 그러니 '검증의 독점'으로 일어나는 피해를 막을 수 있다는 주장이 되겠다.

일리 있는 말이기는 하지만, 여기에는 함정이 있다. 반대의 경우도 있기 때문이다. 권력자나 일부 집단이 자신에게 유리한 이야기를 퍼뜨리는 행위를 바로잡는 일 못지않게, 별 것 아닌 사람들이 거짓 정보를 흘려 사람들을 현혹시키는 일도 많다.

이 자체만 가지고는 세상에 완벽을 기대할 수 없으니, 알아서 균형을 잡도록 놓아두자는 말도 나온다. 하지만 이것이 얼마나 위험한 상황을 만들 수 있는지는 여러 차례 겪은 바 있다.

인터넷은 '정보의 바다'인 동시에 '쓰레기 정보의 바다'이기도 하다. 대부분의 사람들이 아는 상식이라지만, 실제로 자기 일이 되어 보지 않으면 그 폐해를 절실하게 느끼기는 어렵다. 잘못된 정보를 보고 현혹된 사람들의 행동 때문에 심각한 사태가 일어날 수 있는 것이다.

쉽게 눈에 들어오는 사례가 있다. 되지도 않는 헛소문에 시달리던 연예인들이 줄줄이 저 세상으로 가 버리는 사태다. 살아 있었으면 세계 여러 나라에 대한민국을 알리고 제법 많은 사람들 먹여살려 줄 수 있는 사람들이었다. 그런 사람들에게 헛소리 퍼부어 저 세상 보내 버린 이유가 정말 황당하다. 그저 별 생각 없이.

아직 살아 있는 스타들에게도 똑같이 되풀이되는 일이다. 밴쿠버 동계 올림픽에서 압도적인 기량을 보이며 금메달을 따내 대한민국을 감격시켰던 김연아 선수에게도 '돈연아'라며 악담을 퍼붓는 자들이 있었다.

그런 자들 중 하나의 인터뷰를 본 적이 있다. 이유를 묻자 대답이 걸작이다. 자기와 비슷한 나이인데, 쉽게 큰 돈 버는 게 배가 아팠단다. 그런 돈을 벌기 위해 그동안 얼마나 뼈를 깎는 노력을 해 왔는지에 대해서는 별 관심도 없다.

이렇게 알량한 자존심 하나 세우자고 온갖 헛소리를 만들어 내는 행위 때문에도 대한민국 전체에 충격을 줄 수 있는 사태가 터진다. 물론 이런 일을 한두 명이 벌이면 그리 큰 문제가 되지 않는다. 어쩌다 한두 명씩 미친 X들 들어와서 헛소리 남겨 두고 가는 정도라면 세상 떠난 사람들도 굳이 목숨 버리는 최후의 선택을 하지는 않았을 것이다.

헛소리가 위력을 갖게 되는 이유는 패거리가 지어지기 때문이다. 아무리 허황된 거짓말이라도 제법 많은 사람들이 떠드는 것이라면, 사람 심리상 "혹시 사실이 아닌가?"라는 생각이 들 수밖에 없다. 이 심리를 역으로 이용하면 헛소문도 대단한 위력을 가지게 된다.

패거리가 지어지는 과정도 비교적 간단하다. 누군가 평소 밉게 보던 사람이나 주장에 시비를 걸기 시작하면, 사정이나 내용은 별 관심도 없으면서 떼거리로 달려들어 한마디씩 덧붙여 놓는다. 심지어 처음부터 마음먹고 패거리를 만들어 달려드는 일도 있다고 한다.

어떤 사람들은 이런 자들에게 근거와 논리를 대면서 차분하게 설명하면 될 것 아니냐는 말도 한다. 정말 사정을 모르는 소리다. 이들에게는 어떤 해명도 통하지 않는다.

자신에 대한 헛소문이 어지간히 억울했던 한 연예인은 기자들을 모아 놓고 '잘려 나갔다는 자신의 거시기'까지 보여 주려 한 사건도 있었다. 그나마 이것은 보여 주는 것으로 증명이라도 할 수 있다. "재벌과 사귀다가 헤어졌다"임신했다가 애 뗐다"같은 말을 증명하려면 자신의 행적을 낱낱이 공개해야 한다. 하지 않으면 증명을 못 했다고 몰아가고, 하면 하는 대로 말꼬리를 잡고 늘어진다.

이들은 공포영화 속의 좀비들처럼 아무 생각 없이 어슬렁거리다가, 동족만 아니면 눈에 띄는 대로 물어뜯는 습성을 가지고 있다. 아무리 근거와 논리를 제시해도 납득하기 싫은 자들은 끝까지 하지 않는다. 무조건 틀리다고 우기기 민망하니, 사실 조작에 논리 왜곡 등 못 할 짓도 없다.

이런 풍조에서는 오히려 사실을 논리적으로 검증하려는 쪽이 견뎌내기 어렵다. 거짓말을 만드는 것이야 생각나는 대로 이말 저말 갖다 붙이기만 하는 것으로 충분하다. 하지만 이를 밝히려면 사실을 일일이 확인한 다음, 논리적으로 구성해야 한다. 그리고 문서 형태로 잘 작성해서 올려야 한다.

이 과정 중 조금이라도 틈이 있으면 금세 말꼬리를 잡고 늘어진다. 사실 아무리 잘 해도 말꼬리 잡을 틈을 만들면 그만이다. 근거와 논리에서 딸리면 인신공격이라도 하면서 버틴다.

예전에 있었던 가수 타블로 사건이 전형적이다. 스탠포드 대학을 졸업했다는 학력이 사실인지 아닌지를 따지는 간단한 시비였지만, 시비를 건 쪽에서는 허위 학력이라고 우겼다. 하나를 증명하면 증명된 사실은 슬쩍 무시하고 또 다른 꼬투리를 잡아 나아가는 수법으로 끝까지 괴롭혔다. 이런 수법 때문에, 타블로는 자신이 졸업한 학교를 밝히는 간단한 사실 하나를 두고 몇 년 동안이나 마음고생을 하면서 타격을 받아야 했다.

온라인상의 별명 뒤에서 무책임한 말을 늘어놓는 짓을 특권으로 여기는 자들이 많다. 그런 자들일수록 책임을 지는 자리에는 절대 나타나지 않는다. 이렇기 때문에 인터넷같이 공개된 공간에서의 검증도 보장이 있다고 할 만한 수단이 되지 못하는 것이다.

검증 장치가 지금처럼 부실하다면 가면 갈수록 더 많은 사람이 세상과 인간에 실망할 수밖에 없다. 많은 사람들이 세상을 저버리는 이유 중 하나가 '인간에 대한 실망감'일 것이다. 이것을 방치하는 이상 비극을 막을 방법은 없다.

필자도 최근 블로그에 올라와 있는 내용을 역사학계 동료들에게 보라고도 하고 대화도 많이 나눈다. 그들이 여기 올라와 있는 내용 일부를 듣거나 보고서는 혀를 찬다. 그렇지만 그 표정 뒤에 숨겨진 말을 알아보기는 어렵지 않다. "그렇게 검증 좋아하더니 꼴좋다."

그리고 이 사실은 더 큰 문제를 일으킨다. 전문가 집단의 '검증 독점'을 정당화시켜 주는 결과를 낳기 때문이다. 공개되는 정보를 통하여 자유롭게 이루어지는 검증이 이렇게 악용되고 있으니, 어쩔 수 없이 전문가 집단의 검증에 의지할 수밖에 없는 것이다.

어떤 대책이 나올지는 뻔하다. 똥파리의 접근을 막는다는 명분으로 지금까지보다 더 굳게 문을 걸어 잠글 것이다. 이제는 정보를 적극적으로 공개하고 검증하자고 할 명분도 없다. 결국 전문적인 지식이 필요한 문제들은 소수의 사람들이 밀실에서 결정하는 대로 결론지어질 것이고, 이 결론이 대한민국 전체의 의견이 될 수밖에 없다.

사회갈등이 왜 심해지냐고?

세상 돌아가는 상황에 관심이 있는 사람이라면 요즘 들어 이른바 '사회갈등'이 심해지고 있다는 사실을 쉽게 깨달을 수 있을 것이다. 여기저기서 우려하는 목소리가 높다. 큰일은 큰일이다.

이 갈등 때문에 서로 패거리를 지어 일이 안 되게 틀고 있다. 이 때문에 도무지 되는 일이 없는 것 같다. 그래서 왜 이렇게 되어야 하는지 이유를 찾자고 난리 치는 소리도 높다. 하지만 알고 보면 이유를 찾기 어려운 것 같지는 않다.

갈등이라는 것은 시비가 가려지지 않았을 때 심해지게 마련이다. 시비를 가리는 과정이 바로 검증이다. 어느 쪽 주장이 어느 정도까지 옳은지 면밀하게 가려진다면, 갈등이라는 것이 그렇게까지 심해질 이유가 없다.

뒤집어 말하자면 검증이 제대로 되지 않으니까 갈등이 심해질 수밖에 없는 것이다. 누구나 납득할 만큼의 검증이 제대로 이루어지지 않는데 불리한 결론을 받아들일 사람이 많을 리 없다.

물론 면밀한 검증이라는 것이 말처럼 쉽지만은 않다. 아무리 치밀하게 검증하려 해도 아직 인간의 능력으로 100% 확실한 검증을 해 낸다는 것이 불가능한 영역도 있다. 그러나 지금 우리 사회는 그런 차원의 문제가 아닌 듯하다.

무엇보다 검증을 해야 한다는 점 자체에 성의가 없다. 중요한 사안일수록 대부분의 사람들이 납득할 만한 검증이라도 해 주어야 하는데, 그렇지 못한 경우가 훨씬 많다. 워낙 거짓 검증이 많다 보면 제대로 된 검증도 신뢰를 얻지 못한다.

사실 이건 약과다. 누가 임신을 했든, 성형수술을 했든 이 자체로 대한민국의 운명이 좌우되지는 않으니까. 하지만 중요한 현실 문제나 학술 문제 등은 차원이 다르다. 좀비들은 별 생각 없이 알량한 자존심이나 재미 정도를 추구하려 헛소리를 만들어 내지만, 국가와 사회의 앞길에 중요한 영향을 줄 문제는 차원이 다르다. 대개는 헛정보를 퍼뜨려 얻으려 하는 뚜렷한 목적이 있는 것이다. 이 단계에 속하는 자들은 좀비급이 아니라 흡혈귀급이라고 해야 할 것 같다.

그러한 차원에서 우리 사회의 검증이라는 것을 보면 한편의 공포영화를 방불케 한다. 자기들의 사리사욕을 채우기 위하여 원하는 결론을 조작해 내는 흡혈귀 족속들이 원인을 제공한다. 논리 왜곡에 증거조작까지 곁들여 조작해 낸 결론을 이용해 좀비 족속들이 달려들어 상대방을 닥치는 대로 물어뜯는다. 흡혈귀와 좀비 족속들이 바로 검증을 방해하는 주범들인 것이다.

이런 상황에서 뭐든 제대로 검증이 되면 오히려 이상한 일이다. 그러니 아무도 결과에 승복하려 할 턱이 없다. 결국 자기에게 유리한 결론만 믿겠다고 끝까지 버티는 상황에서 갈등이 심해지는 셈이다. 이러고도 갈등의 원인을 찾는다고 법석인 현실이 황당할 뿐이다.

그래서 검증이 되지 않는 후유증은 사람들이 보통 생각하는 수준 이상이다. 그럼에도 학교, 특히 대학에서 바로 이런 검증을 보여 주는 경우가 많다. 개인적인 경험으로만 봐도 별 해괴한 이유가 다 있었다. 중요한 논쟁이 벌어진 문제에 대해 다른 책을 써야 해서 시간 없어 못하겠다는 변명, 자기는 미친놈들 상대 안 한다는 변명도 있었다.

특히 후자는 걸작이다. 정말 상대가 미친놈이면 공개적으로 밝히는 편이 더 효과적이다. 그러면 미친놈이 매장되고 자기 주장은 관철된다. 그런데도 그 좋은 방법을 쓰지 않고 도망 다닌다. 문제는 이렇게 당당하게 해결하지 않고 뒤에서 모략이나 일삼는 자들이 자신들의 기득권을 유지하는 데에 전혀 지장을 받지 않고 있다는 사실이다.

말로는 절대 이런 짓 하지 말라고 가르칠 것이다. 그러나 학생들은 말이 아니라 행동을 보고 배운다. 이렇게 자신들을 가르치는 교수 상당수가 기득권을 지키기 위해 못 만들어 낼 거짓말이 없는 현실을 보면서 무엇을 배울지는 뻔하다.

취향에 맞는 것만 공급하라 – 언론

사회적으로 검증이 필요한 사안에 큰 역할을 하는 것이 언론이다. 심각한 문제일수록 검증이 되었다는 사실만 중요한 것이 아니라 많은 사람들이 검증된 사실을 알게 되는 것도 그에 못지않게 중요하기 때문이다. 실제로 언론 덕분에 제대로 된 사실이 밝혀져 바로잡히는 일도 많다.

하지만 반대의 경우도 그에 못지않은 것 같다. 이러한 현상은 다른 분야에서도 비슷하게 일어나겠지만, 학술 문제에 있어서는 보다 심각한 측면이 있다. 다른 사회 문제의 경우 보통 단 한 사람이 억울한 피해를 보았던 사건이라 하더라도 많은 사람들이 기본적인 관심은 기울인다.

누구나 비슷한 꼴을 당할 수 있다는 심리 때문일 것이다. 그래서 그 피해를 보상하라는 압력이 만만치 않게 가해진다. 하지만 학술적인 문제일 경우, 아무리 쉽게 풀어서 보여 주더라도 이해하는 사람이 많지 않으며, 따라서 관심을 기울이는 사람도 적게 마련이다. 이 때문에 잘못을 바로잡으려는 힘이 생기지 않는다. 또한 잘못을 바로잡는다 하더라도 사실상 효과가 없어져 버리는 경우도 생긴다.

원래 학술 문제라는 것이 그 자체로는 별 것 아닌 것처럼 보이는 경우가 많다. 그래서 많은 사람들이 학술 문제와 관련된 논의 자체를 말장난 정도로 여기는 경향이 있다. 실제 말장난에서 그치는 경우가 많은 점은 사실이나, 그에 못지않게 많은 경우가 관련된 주요 사안에 결정적인 영향을 주게 된다. 따라서 그 후유증이 길고 크게 가는 것이다.

임나일본부 문제를 예로 들어 보자. 대한민국의 대표적인 공영방송에서 임나일본부가 한반도 고대국가들을 정복하고 지배했던 기관이 아니라 사신(使臣)이라는 점이 밝혀졌으니, 식민사학이 극복되었다는 내용이 텔레비전에서 방영된 적이 있다. 그리고 이를 이어 일본에서도 임나일본부가 지배기관은 아니었다는 점에 합의했다는 내용이 보도되었다.

필자가 아는 한, 언론에서는 이런 보도에 문제가 있다는 사실조차 인정한 적이 없다. 그러니 대부분의 국민들은 정말 그런 줄 알 것이다. 이 문제가 자체로는 별 것 아닐 수 있다. 하지만 일본의 역사왜곡 문제가 불거져 해결책을 찾아야 할 상황이 발생했을 때에도 그럴까?

여기서부터는 외교분쟁이고, 국가적 체면과 이익이 걸리는 상황이 된다. 이와 같은 상황에서 대한민국 국민 대부분이 임나일본부에 대한 문제가 해결된 줄 알고 있으면 어떤 사태가 발생할까? 국민 중에는 역사 전문가가 아닌 외교부 요원들도 포함된다. 이들이 잘못 알고 있으면, 그 내용이 외교전에 그대로 반영될 수밖에 없다.

하나의 사례를 가정해 보자. 강대국이 횡포를 부리는 상황이 아닌 동등한 국가끼리의 외교는 원칙적으로 서로 하나씩 양보하는 것이 관례다. 그러니 일본 측에서 임나일본부 문제 등을 들먹이며, "우리는 인정할 거 인정했으니 당신들도 양보하라"는 식으로 나왔을 때 쓸데 없는 양보를 하게 될 수도 있는 것이다. 몇몇 사람들이 사리사욕 채 우자고 벌인 일 때문에 대한민국이 두고두고 후유증을 앓게 되는 셈 이다.

또 다른 사례가 풍납토성에서 목탑터가 발견되었다는 보도다. 한 달도 못 되어 우물터를 가지고 제멋대로 과장해서 보도했다는 사실 이 드러났다. 그렇지만 이 오보 역시 몇 줄의 정정기사로 때워 버리는 바람에 아직도 원래의 대대적인 보도 내용을 사실로 알고 있는 사람 이 많다.

풍납동 지역의 목탑터는 한성백제 왕성과 관련되어 한성백제박물 관 전시물에서 보여 줄 역사상이 걸려 있다. 이에 대한 잘못된 정보 유출은 이후 대한민국이 국제적인 망신을 당하는 계기가 될 수 있다.

다른 나라, 다른 분야도 마찬가지겠지만, 언론의 편파적인 태도가 가져올 후유증은 크다. 그리고 학술 문제에 대해서는 특히 그렇다. 큼 직한 이권이 걸린 사회 문제에 대한 언론의 편파적인 태도는 그래도 드러나기가 쉬워서 많은 사람들이 이 점을 감안하고 본다. 그런데 학 술 문제에 걸려 있는 이권이나 후유증에 대해서는 대부분의 사람들 이 의식하지 못한다.

그래서인지 왜곡된 방송 내용을 내보내는 데 부담을 느끼지 않는 것 같다. 심지어 개인적인 취향이나 친분 등의 사소한 이유 때문에 편 파적인 보도나 방송이 나가는 경우도 많다. 토론 프로그램에서조차 그 분야의 내용을 제일 잘 꿰고 있는 사람을 제쳐두고 엉뚱한 사람이 패널로 출연하는 경우가 있다. 질에 대해서는 의식이 없기는 관료 조직이나 언론이나 마찬가지인 것 같다.

근원적인 문제는 제1선에서 내용을 다루는 사람들이 균형을 맞추어 검증해야 한다는 의식이 약하다는 점이다. 가끔 프로그램 제작을 위하여 방송 쪽에서 주변 사람들에게 자문을 구해 오는 일이 제법 있다. 그 사람들을 통해 방송 쪽 입장을 전해 듣기도 하고, 말을 흘려 넣어 보기도 한다.

제일 기억에 남는 부분은 "논쟁이 되는 부분은 방송이 굳이 결론을 정해 내보내는 것보다 공정한 제3자 역할을 하는 편이 낫지 않느냐"는 말을 흘려 보았을 때이다. 그쪽 입장은 "그래도 결론을 지어야 한다"는 것이었다. 그러면 나중에 문제가 되지 않을 만큼 철저하게 검증할 자신은 있는 것일까? 그렇지는 않은 것 같다.

공영방송의 대표적인 역사 프로그램 같은 경우 스스로 파놓은 함정에서 허우적거리는 상황을 목격하고 있다. 전문가도 아닌 제작진이 멋대로 내려놓은 결론에 자신을 갖지 못하다 보니, 아예 논쟁이 될 만한 주제는 빼놓겠다는 태도를 취한다.

문제는 논란이 없다는 이야기는 그만큼 관심도 없다는 뜻이다. 그러니까 프로그램은 사람들이 별 관심을 가질 만한 내용이 아닌 지엽말단적인 내용이나 다루면서 별 의미 없는 결론이나 내리고 끝내 버리는 수준으로 맞추어진다. 방송가에서는 '공영방송 방식'이라는 식으로 부르는 성의 없는 제작 기법이다.

당연히 재미없는 내용이 되기 십상이고 시청률은 나날이 떨어진다. 그래도 자기들은 압박이 별로 크지 않은 공영방송이라 괜찮단다. 얼마 되지 않는 공영방송의 귀중한 시간을 배정해 주는 점을 감안하고 보면, 바람직한 꼴은 아닌 것 같다. 해당 분야에 별 도움이 되지 않는 것은 물론, 사회가 소중한 기회를 날려 버리는 꼴이 될 수 있기 때문이다.

그래도 이런 방식을 고집하는 것을 보면, 많은 사람에게 보일 수 있는 수단을 손에 쥐고 있는 것도 직책상의 힘이고 권력이라고 생각하는 경향이 있는 것 같다. 말로는 언론의 책임을 이야기하지만, 현실에서는 말처럼 행동하는 것 같지 않다. 그러니 언론에만 검증을 의지하는 것도 무리라는 뜻이 된다.

누가 검증 없는 사회를 만들고 싶어 할까?

우리 사회에서는 집요하게 따지고 드는 사람을 싫어하는 경향이 있다. 물론 앞서 인터넷에서 날뛰는 좀비 족속들처럼 되지도 않는 생트집을 끝까지 잡으려 하는 경우가 많으니 무리는 아니다. 그렇지만 단순히 이런 이유 때문인 것만은 아닌 것 같다.

조직사회를 운영하는 과정에서는 각종 이익이 충돌하면서 논쟁이 벌어지게 마련이다. 권위주의 체제에서야 권력을 잡은 자의 생각대로 끌고 가 버리면 그만이겠지만, 민주주의 사회에서는 그런 식으로 하지 않는 것이 원칙이다. 제도권 안에서 각각의 견해를 수용하면서 공개적으로 검증하여 가장 타당한 결론을 찾아내려고 해야 하는 것이다.

뻔한 원칙이지만, 이대로 하려면 확실하게 각오해야 할 측면이 있다. 중요 사안에 대한 결론을 통제할 수가 없게 되며, 공인된 검증 과정을 통하여 도출된 결론은 그 분야에 상당한 충격을 주게 된다는 점이다. 특히 기존의 인식과 다른 결론이 나왔을 경우에 충격도 심해진다.

이럴 경우 가장 손해를 보는 계층이 그 사회의 기득권층이다. 어쩌면 이들에게는 공개적인 검증 자체가 달가울 것이 없다. 그동안의 인식과 별 차이가 나지 않는 결론에서는 기득권층이 얻을 것이 없는 반면, 인식이 뒤집혀 버리면 그때까지 누려 왔던 기득권이 뒤집혀 버리게 된다.

변화라는 것은 항상 이것저것 따져 문제점이 드러나고 개선하려 할 때 일어나게 마련이다. 그러니 처음부터 따지지 않으면 문제점이 드러나지 않을 것이고, 따라서 변화가 일어날 일도 없다. 당연히 기득권층은 따지고 드는 것을 죄악처럼 여기는 풍조를 만들고 싶어 한다.

대한민국 초기에 '말 많으면 공산당'이라는 이야기가 있었다. 실제로 공산당만 말이 많을 리는 없다. 그런데도 이런 이야기가 많은 사람들의 입에 오르내렸던 이유를 생각해 보면 의미심장하다. 쉽게 말해서 대한민국 사회에서는 이것저것 집요하게 따지고 드는 사람을 공산당으로 몰아 입을 틀어막으려고 만들어 낸 표현이라고 해도 지나친 말이 아닐 것이다.

그렇게 보면 이런 말을 만들어 낸 사람들이 어떤 사람들인지도 쉽게 짐작할 수 있다. '지금 이대로가 좋은' 기득권층이다. 그래서 누구든 문제점만 지적하면 '공연히 일을 골치 아프게 만들어 못 하게 하는 자'로 몰아가려 한다.

단 한 놈만 마음먹으면 아무나 매장시킬 수 있는 시스템이 누구에게 유리할지 생각해 보면 왜 이런 시스템을 고수하고 싶어 하는지 쉽게 짐작이 갈 것이다. 이 역시 원칙과는 아무 상관없이 기득권층이 일방적으로 유리하게 작용할 수밖에 없다. '너희들 할 일은 선생이나 선배가 왜 옳은지 증명하는 것'이라는 말이 공공연히 나온다.

그래서 그들이 좋아하는 검증의 형태는 대체로 이런 식이다. 가장 좋아하는 수법은 자기들이 원하지 않는 내용은 처음부터 말도 꺼내지 못하게 하는 것이다. 권위로 지배하는 사회에서는 대부분 이런 수법을 쓴다. 하지만 보다 개방된 사회에서는 쓰기 어려운 수법이다.

이런 수법이 여의치 않을 경우에는 차선책을 택한다. 우리 사회에서도 즐겨 쓰는 수법이다. 일단은 무슨 말이든 다 하게 해준다. 그와 동시에 모든 견해를 다 존중해 주어야 한다는 명분을 내세워 쓸데없는 소리까지도 다 나오게 만들어 버린다. 이렇게 되면 논의되는 내용이 중구난방으로 튀어나오며 핵심이 뭔지도 모를 만큼 뒤죽박죽이 되게 마련이다. 이럴 때 운영의 주도권을 쥔 쪽에서 슬쩍 자기들이 원하는 쪽으로 결론을 몰아가는 식이다.

물론 이런 수법은 전통적으로 기득권을 쥔 쪽에서만 쓰는 것은 아니다. 기존의 기득권을 빼앗으려 하는 측에서도 패거리만 잘 만들면 얼마든지 쓸 수 있다. 그래서 이렇게 뚜렷한 목적을 가진 측에서는 제대로 된 검증 자체를 싫어한다.

그래서 아이러니컬하게도 기존 기득권층의 움직임에 힘을 실어 주는 쪽은, 아무거나 생트집을 잡아 헛정보를 뿌리고 다니는 좀비 족속들이다. 어쩌면 이런 것도 이른바 '적대적 의존관계'인지도 모르겠다.

한쪽에서는 자기에게 불리한 정보가 퍼지는 것을 무조건 틀어막으려 하고, 반대쪽에서는 아무거나 헛정보를 뿌리고 다닌다. 그러면서 서로 반대쪽이 하는 짓만 지적하며 자신의 행위를 정당화하려 한다. 이런 와중에 사회 곳곳에 잘 보이지도 않는 피멍이 생기는 셈이다.

5장

개선을 빙자해
피 빨아내기

대안 같지 않은 대안 – 할당제

교육 현실이 갈 데까지 가고 있는 상황을 뻔히 보면서도 대부분의 민초들은 그리 큰 저항 없이 순응해 왔고 앞으로도 그럴 것이다. 심각하게 피해를 보고 있으면서도 그렇게 무기력하게 끌려가는 원인이 없을 수 없다. 이 중 하나는, 많은 사람들이 개선을 위해 노력하고 있으니 기다려 보자는 심리다.

과연 그럴까? 그렇게 순박한 심리가 어떻게 역이용을 당하는지 알아 두는 것도 필요할 것이다. 그러려면 뜬구름 잡는 이야기보다 구체적인 사례를 들어 주는 편이 나을 것 같다. 그중 첫 번째 사례가 될 만한 것이 '지역할당제' 같은 제도다.

이런 제도가 나오게 된 배경은 이렇다. 앞서 언급했듯이, 대한민국 대학은 골품제와 비슷한 구조를 가지고 있다. 그래서 높은 신분을 의미하는 '상위권 대학'에 가느냐 마느냐가 인생의 성패와 직결되게 되어 있다.

그런데 반세기가 넘게 이런 제도를 운영하다 보니 마각이 드러날 만큼 드러났다. 사회계층별로는 '있는 집 자식'들이, 지역별로는 '기득권을 누려 왔던 지역 출신'들이 좋은 대학 대부분을 차지하고 앉아 버린 것이다. 이러한 경향은 시간이 지날수록 더욱 강해지고 있다.

대중들이 아무리 무지몽매하더라도 반세기가 지나도록 점점 강해지는 성향을 알아보지 못할 정도는 아니다. 그러니 "어, 이거 결국 지들끼리 해먹자는 시스템 아니야?"라는 볼멘소리가 나오게 된다.

그런 말을 하는 사람들의 압력으로 만들어진 제도가 좋은 대학 입학에 지역이나 계층을 안배하자는 '할당제'이다. 즉 전라도나 강원도 같이 홀대를 받아 기득권층이 별로 없는 지역에서는 좋은 대학에 진학하는 경우 역시 별로 나오지 않으니 시험 점수는 조금 딸리더라도 이런 지역 출신들을 '일정 비율' 무조건 좋은 대학에 진학시키도록 하자는 것이다.

정치인들이 앞장서고 많은 사람들이 지지해 준 결과, 이 제도는 일부나마 시행되고 있다. 소외된 지역 사람들에게 좋은 대학에 갈 수 있는 길을 열어 주었으니, 훌륭한 개혁이라고 생각하는 사람도 많은 것 같다. 일단 그 지역 출신들은 좋은 대학에 가기가 훨씬 쉬워졌다고 좋아할 것이다.

그런데 이런 제도가 기득권층에게 유리하게 짜여 있는 구조를 깬다는 측면에서 의미가 있을까? 여기서 할당제가 나오게 된 배경을 다시 한 번 되씹어 보자.

시험 점수 경쟁을 통하여 대학에 들어가게 되어 있는 시스템에서, 특정 지역 출신이라는 이유만으로 모자라는 점수를 받고도 좋은 대학에 가게 되는 제도는 불공정이며 역차별이라는 아우성이 나올 만하다. 이를 물리치고 할당제를 강행하게 된 명분은 이렇다.

좋은 대학 출신들이 대한민국 사회에서 특권에 가까운 혜택을 보고 있는데, 이 좋은 자리를 특정 지역, 특정 계층이 대부분 차지하고 있으니 소외되어 왔던 쪽에 좀 나누어 달라는 이야기다. 이런 취지가 정말 소외된 사람들을 위한 정책일까?

그렇게 생각된다면 정책의 취지를 다시 한 번 살펴보자. 좋은 대학에 입학할 자리를 억지로 소외된 지역 출신에게 나누어 주어야 할 이유 말이다. 좋은 대학 입학생 자리가 그만큼 혜택을 받는 자리라는 뜻이다.

그런데 좋은 대학 출신이 누리는 혜택 자체가 대한민국 사회에 그만큼 걸맞은 활동을 한 대가라면 할당제를 시행하겠다는 발상 자체가 말이 되지 않는다. 대한민국 사회에 공헌할 인재를 뽑자는데 실력이 딸리는 사람들을 굳이 소외된 지역 출신이라고 넣어 줄 필요가 없기 때문이다. 억지로 그렇게 한다면, 이는 오히려 대한민국 사회에 손해가 될 수밖에 없다.

이 말을 뒤집어 보면 문제는 간단하게 드러난다. 좋은 대학 출신들이 사회에는 별로 공헌하는 것도 없으면서 혜택만 누린다는 뜻이다.

그러니까 "왜 너희들만 혜택을 누리느냐?"는 아우성이 나오게 된 것이고, 할당제를 통해서라도 일정 지분을 소외된 쪽에 돌리겠다는 발상도 나오게 된다.

그렇게 보면 할당제는 본질적인 해결을 외면하고 있는 꼴이 된다. 공헌 없이 혜택을 누리는 자리가 있다면 그 자체를 없애 버려야 공정한 사회가 되는 것이지, 그런 자리를 나누어 갖는 것이 공정한 사회를 추구하는 태도가 아니기 때문이다.

그러면 할당제가 무엇을 추구하는지도 분명하게 알아볼 수 있을 것이다. 쉽게 말해서 "너희들끼리만 먹지 말고 나도 한 입 달라"는 발상에 불과하다. 기득권을 없애 공정한 사회를 만들자는 것이 아니라, 내 패거리를 하나라도 더 기득권층에 밀어 넣어 그 덕을 보자는 발상인 것이다. 이런 발상이 대한민국 사회 전체에 도움이 될 리가 없다.

당장 할당제를 통하여 모자라는 점수로 좋은 대학에 간 학생들이 어떻게 생각하고 행동할까? 말로는 "제도 덕분에 좋은 대학에 갔으니, 사회에 기여하여 빚을 갚겠다"라고 할지 모른다. 하지만 졸업장을 떡하니 받고 나서도 그럴까? 인간 심리상 자신들도 좋은 대학을 나왔으니 그만한 대우를 받을 자격이 있다고 생각하기 십상이다. 사실 굳이 좋은 대학에 진학하려는 목적 자체가 혜택을 누릴 신분을 사자는 발상이니 그렇게 되지 않는 것이 이상하다.

이렇게 되는데 소외되어 왔던 쪽에서 몇 사람 들어왔다고 특권부터 챙기던 버릇이 순식간에 사라질 리도 없다. 비슷한 경우에 대체로 그래 왔듯이, 할당제를 통하여 들어온 사람들도 어영부영 기득권층에 동화되어 버릴 가능성이 크다.

그러면 결국 어떤 결과가 될까? 어차피 몇 명 되지도 않는 사람을 기득권층에 넣어 주었다고 생색을 내며 공헌은 없이 특권만 누리는 제도를 계속 끌고 갈 것이다. 새로 기득권층에 들어갔던 사람들만 신참 흡혈귀로 거듭나는 결과가 될 것이고, 나머지 사람들은 여전히 피를 빨리고 살아야 한다.

사실 어떤 지역이 소외받아 왔는데, 이 지역 출신 몇 명이 기득권층에 진출했다고 해서 그 지역 전체가 갑자기 혜택을 누리게 될 리는 없다. 기껏해야 이권 사업 몇 개 더 따오는 정도가 이익이라면 이익이랄까. 그래 봤자 그 혜택을 보는 사람도 몇 안 된다. 소외되어 왔던 지역의 사람들 대부분은 여전히 고단한 삶을 이어가게 된다.

대한민국은 대통령 선거가 있는 때면 누가 되느냐를 두고 관심을 가진다. 좀 극단적으로 말하자면, 이번에는 어떤 패거리가 해먹게 되느냐는 데 관심을 가지는 것이라 할 수 있다. 더 나아가 어느 패거리가 되어야 내가 붙어 먹기 쉬울 것이냐는 계산을 하기 바쁜 경우도 많다.

그래 봐야 대부분의 사람들은 누가 되든 별 덕은 보지 못한다. 얼마 전에도 누가 대통령이 되더니 그 대학 출신들이 대거 기용되었다고 말이 많았다. 그래 봐야 몇 명이나 새로 기용되었을까? 수백 명이나 되려나?

그 대학이 그동안 배출한 졸업생만 해도 십만 명 단위가 될 것이다. 그중에 수백 명이 기용되었다고 그 학교 동문 전체의 삶이 폈다고 한다면 바보 소리 듣는다. 나머지 동문들은 받아 본 적도 없는 혜택 때문에 공연한 손가락질만 받아야 한다. 이들 역시 피해자 대열에 서는 셈이다. 할당제가 실시되어도 이런 결과와 크게 다르지 않을 것이다.

원위치로 돌아온 학술지 등급제

개선을 하는 척하면서, 실제로는 국민들 등쳐 먹는 짓을 하는 사례를 들자면 끝도 없이 나올 것이지만, 그중에서도 대학사회를 보이지 않게 골병 들게 하는 제도가 있다. 그게 바로 학술지 등급제다.

이 제도의 취지를 쉽게 말하자면, 도나캐나 자기들 멋대로 학술지를 만들어서 말 같지 않은 논문을 마구 찍어 대는 일을 막자는 것이다. 연구 업적의 양이 별 의미가 없다는 것도 바로 이러한 현상과 연결되어 있다.

사실 아무것이나 똑같은 학술지고, 어떤 논문이건 똑같은 논문이라는 식으로 평가가 이루어지게 되면 진짜 노력하는 연구자들에게 피해를 주는 측면이 있다. 개발새발 아무렇게나 그려 내도 한 편이요, 피땀 흘려 노력해서 써도 한 편으로 쳐 버리기 때문이다. 그러니 힘들여 쓰는 사람이 손해를 보는 셈이다.

오히려 힘들이지 않고 엉터리 논문 마구 써 대는 편이 연구 업적의 양만 따져서는 유리할 수밖에 없다. 그대로 놓아두면 질 떨어지는 연구 성과를 양만 채워 찍어 내라고 부추기는 결과가 될 수 있다.

'학술지 등급제'는 원래 그래서 만든 것이다. 뼈를 깎는 노력을 통해 이루어 낸 연구 성과와 날림으로 양만 채운 것을 구별해 내겠다는 취지다. 그 방법으로 담당 정부부처의 평가를 통하여 학술논문의 품질을 유지하는 학술지만 등재지, 등재후보지 등으로 정해 여기 실린 논문만 공식적으로 인정해 주겠다는 방식을 택했다. 한마디로 권위 있는 학술지를 지정함으로써 옥석을 가리겠다는 뜻으로 이해할 수 있다.

그런데 이런 취지가 현실에서는 어떠한 결과를 낳았을까? 이 정책이 취지에 맞는 결과를 내기 위해서는 당국이 지정한 '등재지', '등재후보지' 등의 학술지에는 정말 양심적으로 심사해서 제대로 된 논문만 실려야 한다.

문제는 현실적으로 이런 기대를 할 수가 있겠느냐는 점이다. 학자의 양심이라는 것 자체가 실종되어 버린 지 오래인 분야가 많다. 이런 풍조를 방치해 놓은 현실에서 엄정한 심사가 이루어지기를 기대하는 발상이 웃기는 짓이다. 그러니 결과는 뻔하다.

학술지 등급제의 원래 취지는 같은 학교 동문끼리나 같은 기관 동료들끼리 모여 제멋대로 운영하는 학술지의 비중보다, 전국의 연구자들에게 문호를 열어 놓고 운영하는 학술지를 더 쳐 주겠다는 뜻이다.

하지만 현재의 풍조에서는 역효과를 낸다. 전에는 학회 하나 장악해 봐야 제자나 후배들 논문 싣는 데 도움 주는 정도에 불과했기 때문에, 무슨 욕을 먹든지 틀어쥐고 보자는 심리가 그래도 덜 했다. 점잖은 체면에 욕 들어 먹으며 학회 쥐고 있어 봐야 뭐 하겠느냐는 생각이 있었던 것이다.

하지만 이제는 사정이 다르다. 등급 잘 받은 학회지에 실리는 논문은 같은 수준이라도, 심지어 휴지조각의 가치도 없는 논문이라도 무조건 훌륭한 논문으로 둔갑하게 된다. 반면 그렇지 않은 데에 실으면 거의 대부분이 0점 처리다. 이건 점수 몇 점 차이가 난다는 차원에서 끝날 문제가 아니다. 업적 평가라는 것 덕분에, 점수가 되는 등재지, 등재후보지 논문 편수는 연구자의 생존과 출세에 절대적인 영향을 주게 된다.

좋은 논문을 써서 등급 좋은 학회지에 실으면 그만이지, 무엇 때문에 학회 장악이 어쩌느니 따지느냐고? 앞서 학술지에 싣는 논문의 심사가 어떻게 이루어지는지에 대한 점만 상기하면 왜 집착을 해야 하는지 더 설명할 필요가 없을 것이다.

연구자의 생존에는 얼마나 좋은 논문을 쓰느냐보다 학회를 어느 파가 장악하고 있느냐가 더 중요한 요소가 된다. 눈에 불을 켜고 학회를 장악하려고 난리를 칠 수밖에 없다. 이 와중에 전국 단위로 열려 있던 학회를 특정 집단이 장악해서 제멋대로 휘두르게 되는 결과를 막을 길이 없는 것이다.

결국 학술지 등급제를 통하여 연구 성과의 질을 높이겠다는 발상은 어디까지나 정책을 구상해 낸 사람들의 취지일 뿐이다. 이와 같이 등급제로 심각하게 압박을 하다 보면 질이 나쁜 논문이 아니라 힘없는 사람들의 논문이 잘려 버릴 수 있다. 이렇게 되면 기득권층에게는 유리하겠지만, 힘없는 연구자들의 입장에서는 큰 일이 된다.

결과적으로 학회를 장악한 패거리에 속해 있는 작자는 아무 생각 없이 대충 써 대도 '등재지'니 '등재후보지'니 하는 이른바 '점수가 되는' 학술지에 업적을 불리게 된다. 반면에 줄을 잘못 선 사람은 아무리 좋은 논문을 써 봤자, 점수 안 되는 학술지로 밀려나는 설움을 받을 수밖에 없다.

결국 연구자라면 누구를 막론하고 학회를 장악한 패거리의 눈치를 볼 수밖에 없도록 만들어 놓은 셈이다. 염불보다 잿밥에 신경 쓰는 작자들이 주도권을 쥐고 있는 학회에서 제대로 된 연구 성과가 나올 수 있을 리가 없다. 이렇게 되니, 원래 목적이었던 연구 성과의 질을 올리는 데에는 오히려 독소로 작용한다. 즉 저질의 연구 성과 쏟아내기를 부추긴다는 뜻이 되겠다. 현실적으로 학술지가 저질 경쟁을 벌이게 된다고 해도 지나친 말이 아니다.

역효과

학술지 등급제 폐지를 환영하면서 1

근본적인 목적인 연구 성과의 질에 대해서는, 이 제도를 만든 장본인이며 흔히 '관(官)'이라고 부르는 관료 조직에서는 어떻게 할 방법이 없는 것이다. 당국에서 '권위 있는 학술지'를 골라내는 방법부터가 사실 대책 없는 정책의 본보기다.

당국이 학술지에 실리는 논문 내용을 일일이 검토해서 질을 평가해 주기를 바란다는 발상은 애초부터 무리다. 그러면 어떤 기준으로? 여기서 관료 조직의 주특기가 발휘된다.

신청해 온 논문은 얼마나 거절하느냐? 학술지는 1년에 몇 번 내느냐? 학술발표를 8번 이상 했느냐? 뭐 이렇게 지극히 형식적인 기준뿐이다. 이런 것을 철저하게 따진다고 연구 성과의 질이 올라갈 리가 없다. 학회는 알면서도 이 형식 갖추기에 집착해야 한다.

덕분에 정책 취지와는 반대 효과가 난다. 등급제가 실시되기 이전에는 학회들끼리 은근하게나마 자존심 싸움이라도 했다. "우리 학회지는 그래도 좋은 논문 실린다"라는 자존심 말이다. 덕분에 능력과 소신 있는 연구자들이 숨 쉴 틈이라도 있었다. 얼굴 마담 삼기 위해서라도 괜찮은 논문을 끌어들여야 했으니까.

등급제가 이런 자존심을 완전히 쓸데없는 짓으로 만들어 버렸다.

좋은 논문 찾아 싣는 것보다 등급을 높게 받는 것이 더 중요한 일이 되었으니까. 그래서 등급을 매기는 기관에서 요구하는 기준을 맞추어 주느라 난리다.

논문의 질 같은 것은 어차피 전문가들 아니면 제대로 평가하기도 어렵다. 반면 등급은 질에 상관없이 찍혀 나온다. 세상에는 누구나 알아보기 쉽게 찍혀 나오는 등급이 행세를 할 수밖에 없다. 그러니 잘 쓴 논문을 구하는 것보다 관리들에게 잘 보여 좋은 등급을 받는 것이 더 중요한 일이 되어 버린다.

연구 성과의 질을 올리겠다는 명분으로 만든 제도가 오히려 질을 바닥 모르게 끌어내리고 있는 셈이다. 사실 형식에 불과한 기준을 가지고 학술논문의 질을 평가하겠다는 발상 자체가 코미디다.

뒤집어 보면 간단하게 사정을 알아볼 수 있다. 좋은 평가받고 당당하게 실리는 논문의 수준을 보면 오히려 믿기 어려울 만큼 형편없는 경우가 많으니까. 그 점은 필자의 손으로도 여러 차례 보여 준 바가 있다.

그렇다면 교육당국이 제시한 형식적인 기준은 연구 성과의 질을 올리는 데에 별 기여를 하지 못하고 있다고 보아도 될 것이다. 그런데 이런 정도라면 계속 되풀이되는 이야기를 무엇 때문에 또 하느냐고 생각할 것 같다. 이렇게 하는 이유가 있다. 더 큰 문제가 있기 때문이다.

학술지 등급제 폐지를 환영하면서 2

당국의 기준 때문에 애꿎은 사람들이 피해를 볼 수 있는 것이다. 그러한 사례 하나를 들어 보자. 인정받는 학술지가 되기 위한 조건 중 하나로, 게재신청을 해 온 논문을 얼마나 걸러 내느냐를 보는 이른바 '거절률'이라는 것이 있다. 일정한 비율을 잘라 내게 되면 아무래도 질 낮은 논문을 자르게 될 것이고 이를 통하여 논문의 질을 유지할 수 있지 않겠느냐는 발상이 되겠다.

겉으로만 보면 매우 의미 있는 기준처럼 보인다. 그러나 현실에서는 취지처럼 작용하지는 않는다. 우선 빠져나갈 수 있는 편법이 있다.

제일 쉬운 방법부터 보자. 논문 중에는 일단 발표를 해 놓고도 사정이 생겨 다른 학술지에 실리는 경우가 있다. 이런 논문을 심사 탈락으로 처리해 버리면 쉽게 숫자를 채울 수 있다. 심지어 발표되지도 않은 논문을 탈락으로 처리하는 방법도 있다.

한때 일부 학회에서는 '위장발표'라는 것을 하기도 했다. 수법은 이렇다. 어느 날 학회의 월례발표 같은 곳에 평소보다 많은 주제발표를 한다는 공고가 나는 경우가 있다. 보통 2~3개를 하는 데, 갑자기 4~5개를 한다는 것이다.

그렇다고 발표를 진행하는 속도가 평소보다 빠르지도 않다. 처음에는 시간적으로 상당히 무리가 따르는 일이라 어리둥절해 하기도 하고 걱정을 하는 사람이 많았다. 알고 보면 쓸데없는 걱정이었다. 다 믿는 구석이 있어서 그런 것이었으니까. 막상 때가 되면 "이 주제는 실제로 발표하는 것이 아니니 양해해 달라"며 끝내 버리는 것이다.

무슨 몰래 카메라도 아닌데 점잖은 것 좋아하는 학자들이 왜 이런 장난을 칠까? '거절률' 채우기라는 측면을 감안해 보면 간단하게 이해할 수 있다. 신청해 온 논문을 자르면 원망을 들을 수 있으니, 애초부터 발표조차 하지 않을 제목을 공고만 해 놓고 '게재거부'가 되었다고 서류처리해 놓으면 쉽게 거절률을 채울 수 있는 것이다.

물론 이 수법은 한동안 유행하다가 최근에는 뜸해졌다. 소문이 나고 눈총도 받다 보니 부담스러워진 모양이다. 그렇다고 본질적으로 해결된 것은 아니다. 오히려 더 심각한 문제를 불러일으킬 수 있다.

거절률을 채워야 한다는 뜻은 게재신청을 한 누군가의 논문을 잘라 내야 한다는 이야기다. 이렇게 해서 잘린 당사자는 물심양면으로 심각한 타격을 받게 된다. 공정하게 심사해서 탈락시킨다는 보장이 있으면 이 사실 자체는 별 문제가 되지 않는다. 하지만 '공정'이라는 단어를 들먹이는 것조차 미안해야 하는 풍조에서는 사정이 다르다.

학술지 등급제 폐지를 환영하면서 3

힘없는 패거리에 속해 있거나 아예 패거리 자체가 없는 연구자들에게는 대규모 학살극이 벌어질 수 있다는 통고나 다름없다. 그래서 힘없는 연구자들은 아예 논문을 실어 보려고 신청해 볼 생각 자체를 하지 못한다. 의욕 자체를 꺾어 버리는 것이다.

필자만 하더라도 학술지 등급제가 실시되기 이전까지 매년 한두 편씩 발표하던 학술논문을 최근 몇 년 동안 한 편도 발표하지 못하고 있다. 그동안 연구해 왔던 내용들은 반제품 상태로 컴퓨터 안에서 푹 푹 썩어가고 있다.

최근 한 편을 발표하기는 했으나, 이는 전혀 점수가 되지 않는 학회지였다. 논문을 쓰게 된 동기도 연구 성과를 내보겠다는 의욕이 살아나서가 아니라, 내용을 알지도 못하는 자들이 약을 올리는 바람에 그것이 아니라는 점을 보여 주기 위해 '홧김에' 썼던 것이다.

이러한 사정을 보면 역효과가 얼마나 심각한지도 짐작이 갈 것이다. 단순히 이 제도 때문에 힘 있는 파벌에 더 힘을 실어 주는 꼴이 되고 말았을 뿐 아니라, 그런 것 신경 쓰지 않고 소신껏 연구만 하고 싶어 하는 연구자들의 의욕 자체를 꺾어 버리고 만 셈이다. 이런 상황을 표현하는 유명한 격언이 있다. '악화(惡貨)가 양화(良貨)를 몰아낸다.'

그래도 남은 후유증

부작용이 커서 여기저기서 불만이 터져 나오니까, 당국에서 나름대로 대책을 내놓았다. 일부 학회가 인정받을 수 있는 연구 성과를 독점하는 꼴이 되어 문제가 발생했으니, 웬만한 자격을 갖추면 등재지로 인정해 주는 것이다.

그러자 이제 웬만한 학회는 등재후보지 이상의 자격을 갖추게 되었다. 그렇게 되었으니 이 와중에도 자격을 갖추지 못할 정도의 일부 예외를 제외하고는 대부분이 제자리로 돌아온 셈이다. 그러면 어떤 꼴이 될까?

결국 이 조치는 그동안 쓸데없는 짓을 해 왔다는 점을 인정하는 꼴이다. 이렇게 될 수밖에 없었던 원인은 행정편의주의 때문이라고 해야할 것이다. 애초부터 질을 따질 방법이 없으니, 당국에서 쉽게 체크할수 있는 기준만 가지고 학술지를 평가하다 무리가 생긴 것이다. 이러한 무리를 감당하기 어려우니 결과적으로 원위치로 돌아가는 것과다름없는 조치를 취해 버린 셈이다.

여기까지만 해도 공연한 헛수고를 강요한 셈이니, 교육관계 당국이좋은 소리 들을 일은 없다. 하지만 알고 보면 여기서 끝날 일이 아니다. 겉으로만 보기에는 원위치가 되었으니 허탈해 하고 끝낼 일 같지만, 여기에도 맹점이 있기 때문이다.

이쯤에서 그냥 끝내 버리면 당국에서 무엇 때문에 별 효과를 기대할 수 없는 정책을 밀어붙였겠느냐는 의문을 묻어 버릴 수도 있는 것이다. 그렇게 하기에는 아까운 이야기가 더 있다. 왜 이런 제도를 고집했었는지는, 누가 덕을 보겠느냐는 점을 따져 보아야 하기 때문이다.

무작정 자기들에게 잘 보여야만 연구 업적을 인정받는 학술지로 지정해 주겠다고 하면 학계에서 좋아할 리가 없다. 당연히 당국의 정책에 반발할 것이고, 골치 아프게 될 것이다. 당국의 입장에서는 이런 꼴을 보기 싫을 테니 제 발로 따라오게 만들 미끼가 필요하다.

그 미끼가 바로 '지원금'이다. 등재지 내지 등재후보지로 인정받으면 학술지를 발간해 내는 등의 사업에 지원금을 하사한다. 이 자금은 학회에 대단한 의미를 가진다. 등급은 단순한 숫자에 불과한 것이 아니다. 등급 잘 받으면 학회에 권위가 생기는 것은 물론이고, 돈도 따라 생긴다.

사실 학술 사업이라는 것이 돈 되는 사업이 아니다. 그렇다 보니 학자나 동호인들이 모여서 만든 학회는 대부분 자금 부족으로 운영에 애를 먹는다. 이런 애로사항을 만드는 데 비중이 큰 것이 바로 학술지 발간이다. 1년에 네 번 정도 학술지를 내는 데에 보통 수백만 원대의 자금이 들어간다.

그런데 등재지로 인정받으면 학술지 발간 비용을 지원받는다. 가장 애를 먹이는 요소가 해결되는 셈이다. 학회의 입장에서는 자금 때문에라도 당국의 눈에 들기 위해 달려들 수밖에 없다. 많은 학회가 연구의 질을 올리는 데에는 별 도움도 안 되는 형식을 갖추자고 이리저리 신경 쓰고 애먹는 이유가 여기에 있다.

당국의 입장에서는 돈을 주는 입장이니 일단 생색낼 수 있는 일이다. 학술지의 질을 유지하겠다는 명분을 내세워, 인심도 얻고 학계에 힘까지 쓸 수단을 얻게 되는 것이다. 자기들끼리는 '누이 좋고 매부 좋은' 일이 될 수 있다.

하지만 여기에는 어두운 이면도 있다. 뒤집어 말하자면 관료들의 요구를 들어 주지 못하는 학회는 관료들의 눈에 든 학회가 세금 가지고 학회지 찍는 꼴을 뻔히 보면서 애를 먹어야 한다. '상대적 빈곤감'이라는 말로는 부족하다. 점수되는 학회로 연구자들이 몰릴 것은 뻔하니 일단 학회의 생존에 위협을 받을 것이며, 이를 극복하기 위해서는 어떤 식으로든 희생을 치러야 한다.

이것이 대한민국에도 좋은 일일까? 모르는 분야에 대해서까지 잘라 말할 수는 없지만, 요즘 학회에 가보면 그야말로 쓰레기 양산 경쟁을 하고 있다. 그런 것들을 발표라고 하는 자들이야 업적 쌓아서 출세도 하고 돈도 버니 좋을 일이겠지만, 그런 일을 벌이라고 주는 자금은 피 같은 국민의 세금인 것이다.

한국연구재단 홈페이지 통계를 보면, 등재후보지 이상 되는 학회가 1,900개 가까이 된다고 한다. 한 군데에 수백만 원씩만 지원해도 만만치 않은 액수가 나온다.

결국 국민의 혈세를 빨아내서 자기들끼리 좋은 일을 벌이고 있는 꼴이다. 이 점만 보아도 당국의 정책이 누구를 위하여 세워진 것인지 쉽게 짐작할 수 있다. 문교부에서 교육과학기술부까지 교육을 맡은 정부부처의 이름도 많이 바뀌었고, 그만큼 많은 변화가 있었다. 그렇지만 껍데기가 얼마만큼 바뀌었든 간에 근본적인 심보가 바뀌지 않는 이상, 개혁과 변화를 팔아 국민의 피를 빨아내는 일이 끝나지는 않을 것이다.

지금까지 든 사례에는 공통점이 있다. 돼먹지 않게 누리는 특권을 없애자는 것이 아니라, 나도 좀 해먹자는 발상이다. 이렇게 되니 도나 캐나 다 달려들어 특권을 누리는 계층만 늘어나게 된다. 그렇게 된 부담은 남은 사람들에게 전가될 수밖에 없다.

이런 상황을 그대로 놓아 둔 상황이라면, 중요한 사안에 대해 아무리 열띤 논쟁을 벌인다 하더라도 별 소용이 없다. 어차피 흡혈귀 집단 내부의 주도권 싸움일 뿐이니까.

사기를 쳐도 당당하게!

교육계에서 제도의 허점을 이용하여 사실상의 특권을 누리는 경향이 있다는 점은 대충 이야기가 된 것 같다. 그렇지만 단순히 특권이라는 것이 존재한다는 사실만 가지고는 이해가 잘 가지 않을 수도 있다. 그래서 이렇게 만들어진 특권이 활용되는 사례도 살펴볼 필요가 생긴다.

이번 사례는 더욱 근본적인 문제가 될 수 있다. 국가·사회적으로 중요한 의미를 가지는 연구가 정치 쇼와 사리사욕이나 채우는 수단으로 전락할 수 있음을 보여 주는 사례가 될 수 있기 때문이다.

필자가 아는 분야에서는 더욱 노골적으로 전 국민을 우롱하고도 문제조차 되지 않고 넘어가는 사건이 있었다. 이런 일을 벌인 곳이 바로 한일역사공동연구위원회다.

한일역사공동연구위원회 전체가 그렇다는 뜻은 아니다. 여기에는 각 시대별로 분과가 있다. 이 중에서 파렴치한 사기극을 벌인 곳은 고대사 분과이다. 지난 2010년 3월 "고대 일본의 야마토 정권이 한반도에 '임나일본부'라는 공식 본부를 설치해 지배했다고 볼 수는 없다는데 의견을 같이했다"라는 기자회견 내용이 발표되었다. 이후 언론을 장식한 구체적인 내용을 요약해 보면 이렇다.

일본이 조선을 강제로 병합한 지 100년이 되는 해인 2010년 올해에는 의미 있는 발표가 있기도 하였다. 지난 3월 한일역사공동연구위원회가 2007년 6월부터 2년 9개월에 걸친 2기 위원회의 토론 결과를 담은 최종 연구보고서를 내놓았다. 중요한 결실 가운데 하나는 한일 역사학자들이 "임나일본부(任那日本府)가 존재하지 않았다"는 데에 합의한 사실이다. 일본이 고대 한반도의 남부를 지배했다는 이른바 '임나일본부' 학설이 공식적으로 폐기된 것이다. 《일본서기(日本書紀)》, 기록 중에 왜(倭)가 가야 7국을 평정했다는 내용은 사실로 볼 수 없으며 임나일본부라는 용어 자체를 폐기해야 한다는 데 입장을 같이하게 된 것이다.

이 소식을 접한 대한민국의 많은 국민들이 역사공동연구에 투자한 결과 드디어 한국과 일본 사이에 자리 잡고 있었던 역사왜곡의 일부라도 인정받은 줄 알고 있다. 하지만 이 내용은 명백한 사기극이다.

야마토(大和) 정권이 임나일본부를 설치하고 한반도 일부를 지배했다고 볼 수 없다는 내용과 임나일본부라는 용어가 부적절하다는 내용은 이미 반세기 쯤 전에 한국과 일본의 고대사 연구자들 사이에서 공감대가 형성되어 있었다. 군이 이 시점에서 기자회견을 하며 생색을 낼 만한 일이 아닌 것이다.

그런데 무엇 때문에 이런 내용이 발표된 것일까? 간단하다. 제법 많은 자금을 뿌렸건만 공동연구를 통해서 이렇다 할 만한 성과가 나오지 않았다. 고대사 분과의 경우 성과라고 해봐야 대부분이 그저 자기 관심사를 연구해 놓은 것이거나 심지어 그동안 해 왔던 주장들을 이리저리 말만 바꾸어서 다시 내놓은 것이 많다. 적어도 국내 연구자들의 논문은 이런 수준이다.

최소한 공동연구를 했다는 보람을 느끼게 할 만한 것이 별로 없다. 내막을 아는 사람들 입에서 "이럴 거면 뭐 하러 공동연구시킨다고 막대한 연구비 퍼 넣었느냐?"라는 말이 나오지 않을 수 없다.

막대한 연구비를 받아먹고 이런 내용을 성과라고 내놓았으니 상당히 민망해야 한다. 내막을 아는 사람들이 여기저기서 비난을 해 대니 나름대로 불편했을 법도 하다. 이런 상황을 한꺼번에 뒤집어 버릴 수 있었던 것이 바로 이때의 기자회견에서 밝힌 내용이다.

"그동안 연구비를 퍼 넣은 성과가 바로 이것이다"라는 메시지가 되었던 셈이다. 이러한 의도는 대한민국 사회에 그대로 먹혀들었다. 기자회견 덕분인지 한일역사공동연구위원회에 대한 비난도 거의 들리지 않는다.

성과 없이 연구비만 썼던 것도 대충 넘어가는 것 같고, 더 나아가 앞으로 더 줄 수도 있는 분위기다. 누구에게 신이 날 일일까? 또 누가 피해를 볼 일일까?

언론을 타며 사건이 드러났거나, 필자가 사정을 잘 알고 있는 사건만 해도 책 몇 권을 써도 모자란다. 대부분 엄청난 자금이 들어가는 프로젝트들이다. 이렇게 낭비되는 자금이 다 누구의 주머니에서 나왔을까?

오히려 다른 분야에서 엉뚱한 오해를 사고 있다. 제법 많은 사람들이 한일역사공동연구위원회의 문제가 그 많은 자금을 쏟아붓고도 합의를 본 내용이 별로 없다는 점에 있는 줄 안다. 그런 맥락에서 곱지 않은 시선을 받는 분야가 근대사 분과다.

언론에는 "을사늑약과 한일강제병합조약의 위법성, 태평양전쟁 당시 강제징용 등 양국 과거사의 핵심 쟁점에서는 서로의 견해차를 좁히지 못했다"는 식으로 기사가 났다. 내막을 알고 보면 차라리 이런 현상을 다행이라고 여겨야 한다. 최소한 핵심 쟁점에 대해 논의라도 했다는 이야기니까.

합의가 안 돼서 보고서에 각자의 의견을 따로 써놓게 되었다고 하더라도, 고대사 분과처럼 정말 논의해야 할 쟁점에 관심조차 두지 않은 것보다는 백번 낫다. 결국 아쉽다 못해 분통 터질 일은 따로 있는

데도 엉뚱한 쪽으로 관심을 돌려 진짜 문제를 덮어 버린 꼴이다.

밑 빠진 독 – 학술회의

우리 사회에서는 중요한 현안이 터질 때마다 관련된 학술회의를 연다. 이 자체야 너무나 당연한 일이다. 중요한 현안의 껍데기만 볼 것이 아니라, 그런 일이 어떤 배경에서 불거져 나왔으며 앞으로는 어떻게 전개되어 나아갈지 전문가들의 힘을 빌어 조명해 볼 필요가 있다. 역사학계만 하더라도 중국의 동북공정, 일본의 역사왜곡이나 독도문제 등이 일어날 때마다 관련 학술회의가 열렸다.

그런데 이렇게 열리는 학술회의 중에서 취지에 맞는 역할을 하는 것이 얼마나 될까? 이 역시 사정을 잘 모르는 다른 분야에 대해서 함부로 말을 할 수 없겠지만, 필자가 잘 아는 분야들을 보아서는 제 역할을 하는 것이 거의 없다고 해도 지나친 말이 아니다.

혹시 관심 있는 분들이 있다면 그런 학술회의에 가서 잘 살펴보시기 바란다. 정말 알아야 할 부분에 대해 깊이 있게 분석해서 가치가 있는 정보를 주는 학술회의가 얼마나 되는지. 역사학계의 경우 "기록에 이렇게 나온다"는 뻔한 소리를 나열해 놓고 끝내는 경우가 많다. 심하면 "누가 무슨 이야기를 했다"는 식으로 지금까지 나온 이야기만 늘어놓고 끝내기도 한다.

이렇게 연구 성과라고 하기에도 민망한 것들을 내놓으려면 굳이 '학술회의'라는 것을 열어 줄 필요가 없다. 관련된 기록은 "어디에 무슨 내용이 나온다"는 간단한 공지면 충분하다. 관심 있는 사람들이 찾아보는 데에는 이것만으로도 충분할 테니까.

그런데도 무엇 때문에 이렇게 의미 없는 학술회의가 자꾸 열리는 것일까? 알고 보면 여기에도 상당한 이권이 걸려 있다.

우선 생색을 내기에 좋다. 그냥 학회지에 논문 한 편 발표하면 들쳐 보는 사람도 별로 없고, 생색이 나지도 않는다. 하지만 홍보가 되는 무슨 학술회의에서 발표했다고 하면 같은 논문도 대단한 의미를 갖는 것처럼 포장하기가 좋다. 특히 학술회의 앞에 '국제'라는 말이 붙으면 권위가 더 올라가는 것처럼 생각한다.

그리고 이는 단순한 생색에서 그치지 않는다. 연구 성과에 붙는 점수도 더 쳐 주기 십상이다. 연구 성과 채우기에 이만큼 편리한 수단도 없다. 여기에 학술발표는 발표자들 얼굴 알리는 수단 정도로 인식하는 것이 보통이다. 그러니까 인쇄된 발표문이나 읽어 대는 데 많은 시간을 할애한다. 차라리 '낭독회'라고 부르는 것이 나을 것 같다.

속없는 사람들은 열심히 연구해서 중요하게 부각되는 문제에 대한 연구 성과를 내는 일을 두고 왜 이렇게 나쁘게 보냐고 할지 모른다. 그렇지만 요란하게 홍보가 되는 학술회의 발표 내용일수록 부실하기 쉽다는 속사정을 아는 사람은 이런 말을 쉽게 하지 않는다.

도대체 뭘 가지고 그렇게 잘라 말하느냐고 할 사람도 있을 테니, 얼마나 부실하게 돌아가는지 알아볼 수 있는 단서 하나를 소개해 보자. 홍보를 많이 하는 학술회의에는 대개 누가 무슨 발표를 한다는 내용이 소개된다. 여기에 친절하게 시간까지 일일이 첨부해 준다. 이것 하나만 잘 살펴보아도 부실을 알아보는 데 도움이 된다.

무엇보다도 시간적으로 빡빡하게 구성되어 있다. 역사학의 경우 보통 발표자 한 사람 앞에 두 시간 정도를 주더라도 일방적인 발표와 짜고 치는 토론으로 제대로 된 검증은 해 볼 생각도 못 하고 넘어가는 일이 많다. 그런데 소문난 학술회의에는 그 정도 시간조차 배정되지 않는다.

애초부터 발표문 내용을 전달하는 데에도 부족한 시간이 배정되는 것이다. 더구나 현장에서는 자기 말만 늘어놓는 데 익숙한 발표자들이 시간을 넘겨 버리기 일쑤다. 마음 약하거나 힘 있는 사람 눈치 보는 사람이 사회를 보는 경우에는 이런 횡포를 자르지도 못한다. 그러니 제대로 된 토론을 통한 검증은 기대할 수가 없다. 날림으로 넘어가기 십상이니 평소의 학회발표보다 더 쉽게 넘어가는 것이다.

종료시간 5분 정도 남겨 놓고 "할 말 있는 사람 해 보세요"라며 마지막 생색을 내는 경우가 그나마 청중에 대한 예의를 갖추어 주는 것이다. 사실 그 시간에 제대로 된 질문을 하고 대답을 듣기는 어렵다.

악착같이 질문해 보는 사람도 일부 있기는 하지만, 이미 지쳐 버린 대부분의 사람들이 시간에 쫓기면서까지 귀를 기울이려 하지 않는 것이 보통이다. 차라리 "입 닥치고 빨리 꺼지세요"라고 하는 편이 솔직할 것이다. 이것도 이제 버릇이 되어 점점 노골적으로 되어 가는 것 같다. 아예 앉아 있는 사람들이 모욕감을 느낄 정도로 노골적으로 짜고 치는 경우도 많다.

이런 학술회의에 오는 사람의 성분이나 심리도 검증과는 거리가 멀다. 일부 극렬분자들을 제외하면 대부분의 학술회의에는 친분 있는 사람이나 발표자와 관련된 학생들이 청중의 주류를 이룬다. 그런 사람들은 대체로 "한 말씀 듣고 눈도장이나 찍자"는 쪽에 비중을 두고 참석하지 내용을 하나하나 따지면서 듣는 경우는 별로 없다.

그러니까 "자료에 이렇게 나온다"는 정도의 내용을 발표하고도 문제가 되지 않을 수 있다. 힘들게 연구해야 얻을 수 있는 내용이 아니면서도 쉽게 성과로 인정받을 수 있다는 뜻이다. 검증 과정이라는 것이 형편없기 때문에 이런 식으로 성과를 내는 데 부담을 갖지 않는다는 이야기는 더 하기도 지겹다.

국제학술회의로 해서 외국인 학자를 부르면 그렇게까지는 하지 못할 것 아니냐고 생각하는 사람도 있다. 사실 그러한 발상이 있기 때문에 '국제'라는 말이 붙으면 권위를 더 쳐주고 점수도 더 주는 것이다.

하지만 대부분의 경우 눈속임에 불과하다. 외국인 학자라고 하니까 국내 학계와는 상관없이 소신껏 자기 생각을 이야기할 사람으로 생각하기가 쉽다. 그러나 그 외국인을 누가 초청할까? 당연히 주최 측에서 부른다. 주최 측이라는 말에는 학술회의를 맡는 국내 학계 인사라는 뜻이 포함되어 있다. 그들과 친분이 있는 외국인 학자를 부른다는 이야기다.

좀 더 적나라하게 말하자면, 외국인 학자라기보다 외국인 친구라고 부르는 편이 나을 것이다. 그러니 짜고 친다는 측면에서라면 국내 학자끼리 하는 것과 비해도 더하면 더했지 못할 것이 없다. 때로는 수준도 되지 않는 외국인 친구 데려와서 생색만 내는 경우도 있다.

이런 일을 벌이는 데 상당한 연구비가 지출된다. 몇 푼 되지도 않는 연구비를 가지고 더럽게 시비 건다고 할지도 모른다. 그러면 그 알량하다는 연구비를 싹 깎아 버리면 어떤 반응이 나올까? 열의만 가지고 학술회의에 발표하겠다는 사람이 얼마나 될지 궁금하다.

학술회의라는 것 상당수가 노골적인 '먹자판'이다. 그저 연구비 타내서 친한 패거리끼리 나눠 먹고 마는 경우가 태반인 것이다. 검증이 안 되니 딱히 뭐라고 하기도 곤란하고, 뭐라고 하는 사람이 있어도 그냥 묻혀 버리고 만다.

물론 능력이 있는데도 취직 못해 헤매는 사람에게 연구 성과 쌓고 연구비까지 나오는 기회가 주어진다면 '매장될 인재 살리기'라는 의미가 있을지도 모르겠다. 하지만 현실적으로 그런 경우는 별로 보지 못했다.

대부분 권위 내세우느라 교수나 연구기관 연구원들을 발표자로 지정하는 경우가 많다. 그런데 이들은 이미 취직이 되어 있는 상태다. 교수나 연구원 월급 자체가 연구하라고 주는 것이니, 그들의 연구 성과를 발표하는 것은 일종의 중복 투자인 셈이다.

기껏 예외라고 해 봐야 대부분 주최 측과 관련되어 힘쓰는 교수들과 친분 있는 자들이거나 제자들이다. 그러니 연구비 따로 주어가며 매장될 인재를 살리는 의미도 별로 없다.

그렇다고 '연구 능력이 뛰어나기 때문에' 교수와 연구원들에게 발표 의뢰가 집중된다고 하기도 어렵다. 그렇게 뛰어난 능력을 가지고 있는 분들의 발표 내용이 의미 없는 내용으로 채워질 리는 없으니까.

학술회의는 여러 곳에서 하지만 출연하는 사람은 대개 비슷하다. 중국의 동북공정이 관심을 끌어 관계 학술회의가 한참 열리던 시기에는 1주일에 네 번, 토론까지 합치면 대여섯 번까지 출연하는 사람을 본 적이 있다. 한일병합 100년을 계기로 열린 학술회의에서도 양상은 비슷했다. 사람의 능력으로 제대로 할 수 있는 회수가 아니다. 이렇게까지 무리해서 같은 사람을 계속 부른다는 것은 결국 끼리끼리 해먹는다는 이야기다.

'발표할 사람 구하기가 어려워서'라는 변명도 대부분 거짓말이다. 아무리 자기 전공 학술회의가 많이 열려도 불려 나가지 못하는 사람도 있다. 결국 자기들끼리 해먹으려다 보니 그 안에서 발표자 구하기가 어렵다는 이야기일 뿐이다.

이런 학술회의 벌이자고 국가나 공공기관이 상당한 자금 쏟아붓고 있다. 이 역시 대부분이 국민이 혈세에서 나온다. 결국 국가사회는 별로 얻는 것도 없이 자기들끼리 해먹는 판 벌이라고 그 많은 자금을 쏟아붓고 있는 꼴이다.

부실의 재생산

어떤 사람은 학자들이 학술발표에서 헛소리 좀 하는 것 뭐 그리 큰 문제가 되느냐고 한다. 학자라는 사람들이 사회적으로 별 힘이 없는 집단이라는 인식이 있으면 그렇게 생각할 법도 하다. 그렇지만 세상이란 요지경 속이다. 때로는 학자들이 별 생각 없이 뱉어 놓은 말 몇 마디가 일파만파 번져 나가 수습할 수 없는 사태를 초래하곤 한다.

그나마 문제가 불거져 버리면 언론을 장식하는 사건으로 비화되며 홍역을 치르기는 하겠지만, 바로잡을 수 있는 기회라도 있다. 불거지지도 않고 조용히 퍼져 나가는 헛정보는 그야말로 수습 불능의 암세포 역할을 하게 된다. 주워들은 이야기만 하면 직접 확인한 사례가 아니라 조금 미안하기도 하니 필자가 잘 알고 있는 사례로 돌아가 보자.

앞서 한일 역사공동연구위원회에서 마치 '임나일본부의 실체'에 대한 오류를 바로잡은 것처럼 사기 친 사례를 들었다. 이 사기 행각이 심각하다는 것은 단순히 별 성과도 없이 연구비 받아먹은 사태를 무마하기 위하여 별 의미도 없는 성명으로 생색을 내고 부실을 덮어 버렸다는 차원에서 그치는 것이 아니다.

그 후유증을 수습하지 못하면 정말 사회를 좀먹어 가는 암세포를 키운 꼴이 된다. 이 성명이 한 번 발표되고 그냥 묻혀 버리면 그 자체는 매우 불행한 일이겠지만, 한때의 해프닝으로 끝날 수도 있다. 그렇지만 이 사건이 계속 활용된다면 이야기는 달라진다.

실제로 이 성명은 지금도 속 모르는 여러 학자들에 의하여 이용되고 있다. 즉 한국과 일본의 고대사 연구자들이 독일과 폴란드의 역사 공동연구처럼 국경을 뛰어 넘어 학문적인 공감대를 형성하려 노력했던 사례로 칭송을 받고 있는 것이다.

2010년만 해도 필자가 알고 있는 사례가 두어 가지는 당장 나온다. 2010년 7월 22일 한국고대사학회에서 '일본의 한국 강제병합 100년, 식민주의적 한국고대사 인식의 비판과 과제'라는 주제로 하계 세미나를 열었다. 여기서 발표한 창원대학의 남제우 교수의 글에 한일역사 공동연구위원회의 기자회견 내용이 인용되어 있다.

비슷한 내용이 2010년 9월 열린 행사, '문명과 평화'에서 발표된 김승렬의 글에도 나타난다. 여기서도 한국과 일본 고대사 연구자들의 합의를 독일과 폴란드의 역사공동연구와 같은 성공적 사례로 들었다. 이들이 발표한 내용이 어떠한 영향을 줄지는 분명하다. 당장 눈앞에 있던 수십 수백 명이 정말 그런 줄 알 것이다. 물론 여기서 끝날 문제는 아니다.

이들이 속 모르고 떠든 곳은 이른바 '학술대회'였다. 여기에는 관련 정보를 연구하고 다른 사람들에게 가르치는 역할을 하는 '전문가'들이 모인다. 정말 사고는 여기서부터 시작된다. 전문가라고 하지만, 대부분의 사람들이 막상 자기의 좁은 전공을 제외하면 일반인과 다를 것 없는 수준이다. 발표된 정보를 스스로 검증할 능력이 없는 이들은 이날 발표된 내용을 사실이라고 믿게 된다. 그리고 이 내용을 주로 학생들, 주변 사람들에게 가르치거나 전할 것이다.

특히 '문명과 평화' 같은 '국제학술대회'일 경우에는 외국인들도 상당수가 몰려온다. 이들은 자신들이 배운 내용을 자기 나라에 보급하는 역할을 하게 될 사람들이다. 그럼에도 불구하고 한국에 대한 지식과 언어 능력이 부족해서 자신이 얻은 정보를 직접적으로 검증할 능력이 없는 경우가 많다.

그러니 문제가 더욱 심각해진다. 이들 중 상당수는 자신이 들은 내용은 아무런 여과 없이 자신의 나라에 제공하게 된다. 자기 나라 전체를 이날 들은 헛정보로 오염시키게 되는 것이다.

한국에 대해 이해하기 어려울 만큼의 헛정보를 다른 나라에서 버젓이 가르치는 사태가 일어나는 경로 중 하나가 이것이다. 처음에 몇몇 집단이 자신들의 이익을 챙기려고 시작했던 사기극이 전염병 수준으로 확산되는 셈이다.

이렇게 해 놓고 한국에 대한 잘못된 정보가 지구촌에 퍼지고 있으니 바로잡을 대책을 세우겠다고 자금을 내놓으란다. 상당 부분이 자신들 스스로 또는 동료들이 뿌려 놓은 헛정보인데도 말이다.

나중에 이런 사태를 바로잡는 데에는 엄청난 비용이 들어가면서도 여러 사람들이 고생해야 한다. 지금 지구촌 곳곳에 한국에 대한 잘못된 정보가 퍼져 있는 것을 바로잡으려고 애쓰는 사람들이 고생하는 중요한 이유가 된다.

그나마 나중에라도 바로잡히면 다행이지만, 그렇게 된다는 보장도 없다. 사정을 아는 사람이 뒤늦게 '그건 사기'라고 아무리 떠들고 다녀도 수습이 되지 않는 경우도 많다. 심지어 제대로 아는 사람이 거꾸로 몰려 매장당하는 경우도 생긴다. 또 바로잡힌다고 해도 그 과정에서 치르는 희생은 막대하다.

이렇게 부실한 정보가 재생산되어 퍼져 나갈 때, 이를 통제해야 할 사람들은 뭐했느냐고 묻고 싶은 사람이 많은 것이다. 믿거나 말거나. 통제할 수 있는 위치에 있는 사람들 대부분은 이런 문제가 발생하는 데에 별 관심도 없다.

원칙적으로는 현장에서 학술회의를 운영하는 사회자, 학술회의 운영진, 주최 측이 단계적으로 잘못된 정보를 검증해서 걸러 내는 역할을 해야 한다. 원칙은 분명하기 때문에 많은 사람들이 학술회의를 운영하는 사람 대부분이 그 역할에 충실한 줄 안다.

하지만 현장을 경험해 보면 오히려 제 역할을 하는 경우가 거의 없는 것 같다. 검증의 제1선에 있는 사회자부터가 그렇다. 전부가 그렇지는 않겠지만, 상당수의 사회자는 질문을 받는 우선순위가 일반적인 상식과는 다르다.

학술회의에서 발표에 대한 질문이라는 것은 의문이 있는 부분에 대한 검증이라는 의미가 강하다. 하지만 많은 사람들이 자신의 존재를 알리기 위해 별 의미도 없는 질문을 하는 경우가 흔하다. 여기에 사회자까지 놀아나는 경우가 많은 것이다.

원칙적으로는 검증이 될 만한 질문을 우선 받아야 한다. 그런데 현실적으로는 맨 앞줄에 앉아 있는 '힘 있는 사람들'에게 우선적으로 발언권이 돌아가는 경우가 많다. 혹시 학회라는 곳에 나갈 기회가 있으면 유심히 살펴보시기 바란다.

원로들에게 먼저 발언할 의사를 묻는 정도라면 어른에 대한 예의 정도로 해석할 수 있다. 하지만 할 말 없다는 사람에게까지 억지로 발언을 시키는 사태는 그렇게 해석할 여지도 없을 것이다. 결국 사회자 자신이 얼마나 실세들을 예의 바르게 모시고 싶어 하는지 과시하는 효과 이상이 아니다.

그 다음으로 개인적으로 친한 사람, 무난한 사람 등으로 순위가 넘어가는 경우가 많다. 사실 대부분의 사회자들은, 별다른 요인이 작용하지 않는 한 자기가 진행하는 발표에서 심각한 문제점이 불거져 살벌한 분위기가 연출되는 사태를 별로 좋아하지 않는다.

그러니까 진짜 문제점을 지적할 사람에게는 아예 발언권 자체를 주지 않는 경우가 많을 수밖에 없다. 결국 문제점을 잘 아는 사람이 코앞에 앉아 있어도 바로잡지 못하고 넘어가는 것이다. 이 성향이 앞서 언급한 공개발표가 검증이 되지 못하는 점과 같은 맥락이다.

그러면 이 다음 단계인 운영진은 뭘 하는지 궁금할 것이다. 한마디로 말하자면 현장에서 무슨 일이 벌어졌건 '나 몰라라'다. 사실 학회 하나를 운영하더라도 매달 벌어지는 발표를 꼼꼼하게 체크하기도 어렵다. 그러니 현장에서 별 말이 없으면 그냥 넘어가 버리는 것이 당연할지도 모른다. 그렇지만 대부분의 경우 학술회의 운영진은 현장에 나온다. 그럼에도 불구하고 이런 점을 심각하게 문제 삼는 경우는 거의 없다. 그 다음 단계라고 다르지 않다.

결국 그렇게 무사통과된 헛정보는 이후 통제할 길이 없어진다. 특히 정부기관 같은 공공기관에서 주최한 곳에서 나온 헛정보는 그 기관의 권위까지 등에 업게 된다. 사정을 모르는 사람들이 "설마 공신력 있는 기관에서 그렇게 엉터리 정보가 퍼지도록 놔두었겠느냐"는 편견을 가지고 있기 때문이다.

그러다가 정말 큰 일 나는 수도 있다. 한일역사공동연구위원회 문제의 경우만 해도 그렇다. 일본과 역사 문제로 외교 분쟁이 생겼을 때, 외교관들이 이 사기극을 진실이라고 착각하면 쓸데없는 양보를 하게 되는 등의 현실적인 피해로 이어질 수 있는 것이다. 현재로서는, 이런 일이 일어나지 않도록 바라는 것 이외에 현실적으로 방지할 방법이 없다.

밥그릇 싸움이 정책으로!

사리사욕을 채우기 위하여 업적을 조작해 내고 연구비를 타 내는 것도 문제지만, 이런 행태가 발전하면 더 심각한 사태를 불러일으킬 수도 있다. 아예 국가 정책을 자신들에게 유리하게 만들어 아무것도 모르는 사람들 등을 쳐 먹을 수 있기 때문이다. 그러한 사례 중 하나가 2011년 2월 16일, 국회도서관 세미나실에서 열렸던 역사 교육 필수화를 위한 전문가 간담회다.

이 간담회에 비중 있는 국회의원들이 나섰다. 실제 입법화에 상당한 힘이 실릴 모양이다. 역사학계의 입장에서는 환영을 넘어 고마워할 일이다. 그런데 이렇게 역사학계 밖에서 나서 주는 데 비하여 안에서도 제대로 대응하고 있는 것일까?

아무래도 아닌 것 같다. 우선 이날의 발표 내용부터가 그렇다. 역사 교육이 중요하다는 뻔한 소리부터 시작해서 지금까지 드러난 지엽적인 문제 나열과 역사 교육에 전문가가 부족하다는 점이 여러 차례 강조되었다. 이전부터 계속되던 구태의연한 내용이 되풀이된 것이다.

진짜 문제는 전문가들만이 할 수 있는 본질적인 고민이 없었다는 점이다. 본질적인 고민이 무엇인지는 분명하다. 다른 분야도 마찬가지겠지만, 역사 교육을 필수로 지정하자면 반드시 그 전에 이루어 내야 할 전제조건이 있다. 역사 교육이 대한민국의 국가사회에 도움이 될 만큼 가치가 있어야 한다는 것이다.

너무나 뻔한 사실이라 새삼스럽게 이것을 문제라고 지적하는 것 자체를 이상하게 여길 사람도 많을 것이다. 그런데도 왜 이런 것을 강조하느냐고? 현재 상태라면 역사 교육이 대한민국 사회에 도움이 될 것이 없으니까 하는 말이다. 지난 20년 동안의 현장 경험으로 보면 분명히 그렇다.

사실 역사학계 밖에 있는 사람들 중에는 "도대체 우리가 왜 그런 걸 배워야 하느냐?"라는 의문을 가진 사람이 많다. 개중에는 정말 역사를 배우는 의미를 몰라서 그런 말을 하는 경우도 있겠으나, 모두가 무식해서 그런 말이 나온다고 볼 수는 없다. 뒤집어 말하자면 그런 말이 나올 만큼 역사학계에서 필요한 역할을 제대로 했느냐는 의문이 들 수 있다는 이야기다.

역사교육을 필수로 해 놓자고 하지만 당장 문제가 될 사태가 있다. 필수과목을 가르치고 배우자면 학교나 학생이나 이 과목을 위해 상당한 투자를 해야 한다. 즉 대한민국 교육계에 그만큼 부담을 주게 된다는 이야기다. 당연히 그에 걸맞을 만큼 쓸모 있는 내용을 가르쳐야 한다.

하지만 역사학계가 도대체 무엇을 어떻게 가르치느냐를 심각하게 고민해 본 적이 있을까? 필자가 아는 한 별로 관심도 없다. 멀리 갈 필요도 없이 필자 자신이 그것을 증명할 수 있는 사례를 현재 진행형으로 겪고 있다.

사실 모종의 고시에 국사가 시험과목으로 들어 있는 바람에 얼마 전 문제풀이 동영상 강의를 맡는 짭짤한 돈벌이가 생겼다. 이와 같이 역사 교육이 필수가 되면 필자부터 비록 얼마 되지 않는 이익이나마 볼 수 있다. 그러나 심각한 고민을 해야 하는 것이 여기서부터다.

강의를 해야 할 문제집을 받아들고 보니 황당한 생각부터 들었다. 반이 넘는 문제가 시비 걸릴 소지가 다분한 것들이다. 일부 문제는 잘못된 내용을 정답으로 지목하고 있었으며, 더 나아가 어떻게 이런 것을 문제랍시고 냈느냐는 생각부터 드는 것까지 있다. 당장 당면한 과제가 '문제점 없는 문제 고르기'다. 그래야 내가 하는 강의에서는 가책 덜 느낄 수 있으니까.

그럼에도 불구하고 이 시험을 보는 수험생들은 벌써 몇 년 동안이나 이런 문제에 정답을 달고 대학 졸업 자격을 얻는다. 문제가 분명함에도 필자 같은 사람의 힘으로 고칠 방법은 없다. 몇 년 전에도 같은 기관의 강의를 의뢰받고 똑같이 느꼈던 문제점이다.

하나의 사례를 들어 보자. 강의를 했던 고시의 국사 교과서에 백제 위덕왕이 태자 시절 벌였던 관산성 전투에서 전사했다고 적어 놓았다. 그때 "그럼 귀신이 백제왕이 되었다는 이야기냐?"며 수정할 필요가 있다고 했다. 그래서 기관에서는 교과서의 저자에서 이 내용을 포함한 몇 가지 수정을 요구했었다. 그랬더니 원저자가 펄펄 뛰었단다.

결국 수정을 하지 못했다. 몇 년이 지난 지금도 그 고시 수험생들이 배우는 국사책에는 그렇게 적혀 있다. 자신의 얄팍한 자존심이 더 중요하니 수많은 학생들이 어디 가서 망신당할 내용이라도 강제로 배우도록 하겠다는 심보를 보여 주는 사례다.

고시의 교과서만 이렇게 되어 있는 것이 아니다. 중·고등학교 학생들이 배우는 검인정 국사 교과서도 비슷한 내용이 많다. 현재도 역사학을 팔아 해괴한 역사를 만들어 내는 유사역사학을 비판하는 내용이 많다. 그런데 당장 중·고등학교 교과서에 그런 내용이 일부 반영되어 있다는 사실은 모르나 보다. 반대로 식민사학의 전통을 반영한 내용도 있다.

심지어 이런 내용이 같은 시대를 설명하면서 뒤섞여 나온다. 잘 읽어 보면 교과서 내용이 앞뒤가 맞지 않는다는 점을 알 수 있다. 그런데도 이런 내용을 무작정 가르치라는 것이 우리나라의 역사 교육 현실이다.

필자로서는 이런 식의 내용을 가지고 역사 교육을 이끌어 나가고 있는 현실이 신기할 따름이다. 역사가 필수과목이 되면 바로 이런 내용을 배워야 한다. 과연 대한민국에 도움이 된다는 생각이 드는가?

불량품 강요하는 학계

이 날 발표에서 계속해서 강조한 것이 역사 교육을 담당할 전문가의 부족이다. 즉 현재 사회과목으로 통합되어 있는 상태에서는 역사 전공자가 아닌 사람이 역사 과목을 가르쳐야 하는 경우가 생기기 때문에 문제라는 것이다.

일리가 있는 지적이다. 가르치는 사람이 모르는데 질 높은 교육이 이루어질 리 없으니까. 그래서 역사 과목을 분리시켜 놓고 전공자를 채용해서 가르치라는 말이 되겠다.

하지만 여기 맹점이 있다. 이 주장을 뒤집으면 역사 전공자를 채용해서 가르치면 교육이 제대로 된다는 이야기가 성립되어야 한다. 과연 그럴까? 웃기는 이야기다.

필자가 아는 고등학교 교사 중 한때 필자가 몸담았던 대학원에서 석사학위까지 따낸 동료가 있다. 이 사람 정도면 역사 전문가라고 보아도 될 것이다. 하지만 바로 이런 사람도 자기 전공과 거리가 먼 고대사 같은 분야는 도저히 못 가르치겠단다.

무리도 아니다. 이 친구 덕분에 중·고등학교 국사 교과서 내용을 찬찬히 살펴보게 되었다. 교과서에 식민사학, 유사역사학이 뒤엉켜 앞뒤도 맞지 않게 써 놓았다는 사실도, 그 이전에는 어렴풋이 알고 있었으나 이를 계기로 확실하게 파악한 셈이다. 이런 내용을 가지고 가르치라고 하면 배우는 학생은 말할 것도 없고, 가르치는 선생조차 자기가 뭘 가르치는지 제대로 모르는 것이 오히려 정상이다.

왜 이렇게까지 되었을까? 그 근본적인 원인을 바로 역사학계가 제공하고 있다. 교과서를 제대로 만들려면 우선 기본적인 내용들이 정리가 되어 있어야 한다. 그래야 일관성 있는 체제가 나오니까. 그런데 그 기본적인 작업을 할 의지도 능력도 보여 주지 않는 것이 지금의 역사학계다. 명백히 틀린 내용조차도 같잖은 자존심 내세우면서 고치지 않겠다는 것이 현실이다. 하물며 논란이 있는 문제는 말할 필요도 없다.

그러니 교과서조차 제대로 정리해 내기가 곤란하다. 역사를 전공한 사람이라 하더라도 전시대, 전 분야를 속속들이 다 알고 있는 사람은 없다. 그러니까 누가 교과서를 쓴다 하더라도 자기가 직접 연구한 분야 이외에는 다른 연구자들이 정리해 놓은 내용을 요약할 수밖에 없다.

그런데 연구자들마다 이게 같은 나라 역사가 맞느냐는 생각이 들 정도로 제각각이라면? 정리하는 입장에서 황당할 수밖에 없다. 교과서의 기반이 되는 연구 성과부터가 엉터리로 쏟아져 나오는 상황에서 아무리 제대로 쓰고 싶어도 별 수가 없는 것이다.

역사학계의 사정을 아는 사람이라면 연구 성과라는 것이 이런 식으로 나오는 이유는 뻔히 안다. 학술발표라는 것 자체가 논리고 근거고 없이 아무렇게나 발표해 버려도 그만이니까. 힘 좀 쓰는 패거리에 속해 있으면 누가 뭐라건 귀 틀어막고 자기 말만 해 버리는 걸로 충분하다. 그렇게 연구 성과 숫자만 부풀려 놓으면 취직하고 출세하는데 아무 지장 없으니까.

그러니 패거리마다 학회 따로 만들어 그들만의 논리를 편다. 그러니 패거리에 따라 우리 역사도 요동을 친다. 각 시대 각 분야마다 쓰는 사람에 따라 제각각의 논리가 나올 수밖에 없다. 이렇게 다른 논리를 검증해 주는 장치는 거의 없다고 보면 된다. 그렇기 때문에 역사 전공자라 하더라도 제대로 정리할 수도 없고, 당연히 제대로 가르치기도 어려운 것이다.

이렇게 제대로 정리하기도 어려운 판에 성의 없이 교과서를 쓰는 사람들은 이런 고민조차 하지 않는다. 그저 눈치 보면서 힘 있는 쪽,

목소리 큰 쪽, 심하면 자기가 친한 쪽의 주장을 일방적으로 늘어놓는다. 물론 이런 짓을 할 수 있는 쪽은 대체로 학계의 기득권층이다.

결국 역사과목이 필수가 되면 학생들은 이런 자들의 주장을 떠받들며 학문적 진리랍시고 외워야 한다. 엄청난 시간과 비용 그리고 노력을 들여가면서. 이런 상황을 만들어 놓는 것이 대한민국의 정책이 되어야 할까?

역사과목을 강요하는 솔직한 목적

'역사'라는 과목 자체가 중요하지 않다는 말을 하자는 뜻은 아니다. 문명사회가 이루어지고 난 이후, 역사과목이 교과과정에서 빠지는 경우는 별로 없었을 것이다. 그만큼 역사과목이 중요하다는 사실이 '역사' 자체에서 증명되는 셈이다. 역사과목 필수 지정운동을 추진하는 사람 중에는 바로 이렇게 순진한 발상을 가진 사람도 많을 것이다.

하지만 여기 주의해야 할 점이 있다. 역사를 가르쳐 왔던 이유가 그렇게 순수하지만은 않았던 시기가 많았다는 사실이다. 수많은 역사학자들의 거듭된 경고에도 불구하고 전근대에는 권력이 원하는 교훈을 강요하는 데 역사가 이용되기 십상이었다.

심지어 역사의 악용을 경고했던 당사자들까지 역사를 팔아 자기들식의 세계관을 강요하기 일쑤였다. 이에 대한 반성이 크게 일어났던

근대 이후라고 본질적으로 달라졌다고 할 수는 없다. 최근에는 여기에 심각한 부작용 하나가 더 추가되고 있는 것 같다. 역사를 사리사욕을 채우는 수단으로 이용하는 경향이다. 권력을 위한 역사 만들기가 사람들을 정신적인 '좀비'로 만드는 짓이라면, 사리사욕을 채우기 위한 역사는 사람들의 피를 빨아먹는 짓이다.

역사를 전문적으로 연구한다는 사람들로 이른바 '역사학계'라는 것이 만들어지면서 이런 현상이 더 심해진 것 같다. 당장 2011년 2월 16일의 간담회부터가 그렇다. 발표 내용이라는 것이 지금까지 돌던 이야기들의 재탕인 데다가, 제대로 된 정보를 검증하고 걸러 공급해야 한다는 본질적인 문제에 대한 고민은 전혀 없었다.

그래서 국사를 편찬하는 기관에서 나온 지인에게 "이런 식으로 가는 건 의미가 없는 거 아니냐?"고 물었다. 그 사람이 솔직하게 실토했다. "결국 밥그릇 싸움이지요." 지금 역사과목을 필수로 지정해야 한다고 목소리를 올리는 사람들 중 상당수는 이것을 목적으로 나서는 것이다.

이런 식이라면 역사과목이 필수로 지정되기도 어렵고, 설령 지정된다고 하더라도 오래 가기는 더 어려울 것이다. 이전에도 역사학계가 바로 이런 식으로 나왔기 때문에 오히려 사방에서 불평이 나와 국사가 여러 시험과목에서 빠져 버린 교훈이 있다. 역사적 교훈을 강조하는 역사학계가 당장 자신들이 새겨야 할 교훈은 철저하게 외면하고 있는 셈이다.

이런 태도로 역사를 연구하는 자들에게 무엇을 기대할 것인가? 불량품이라고 사지 않을 수 없는 제도를 만들어 내는 데에나 신경 쓰는 자들이 제대로 연구를 할까? 이런 자들의 성의 없는 연구가 사회에 퍼지면 조상들 얼굴에 똥칠하고 국가 브랜드를 깎아 먹는 결과가 나타날 수도 있다.

진짜 문제는 비슷한 현상이 한두 번으로 그치는 것이 아니라는 점이다. 일본이나 중국 같은 나라와 역사분쟁이 벌어지면 이건 국가 브랜드에 현실적 이익까지 걸리는 문제가 된다. 이렇게 국가적으로 중요한 문제에 있어서도, 나라 망신시킬 헛정보를 제공하는 작자들이 설치는 꼴은 지겹게 보아 왔다.

그리고 그런 헛정보를 언론이 비중 있게 다루어 주고 이를 바탕으로 국가 정책까지 수립하는 경우가 비일비재하다. 필자가 내용을 명확하게 알고 있는 사안까지 정말 무기력하게 당해야 했다. 아무리 명백한 거짓말이라도 세상은 그럴듯한 감투를 쓴 사람이 하는 말을 믿지, 이렇다 할 지위가 없는 필자 같은 사람의 말은 거들떠보지도 않는다.

그렇게 파렴치한 짓을 하는 자들 상당수가 정부기관을 비롯하여 역사학계를 주도하는 자리에 있다. 우리 세금 빨아먹으면서. 섣불리 역사과목을 필수로 지정하면 결국 이런 작자들에게 힘을 실어 주고 배 불리는 결과가 될 수 있다.

역사과목을 필수로 지정하는 법안을 만드는 데에 심히 우려되는 바는 또 있다. 당장 코앞의 이익을 챙기기 위해 법부터 만들어 놓고 나면 반드시 무리가 생긴다는 점이고, 그 무리 때문에 파생되는 악영향의 대가를 누군가가 치러야 한다는 점이다.

필수과목이 생겨 그것을 공부한답시고 많은 시간과 노력, 비용을 들여야 하는 수험생들의 피해는 두말하면 잔소리니까 넘어간다고 치자. 하지만 그런 수험생들 중 상당수가 볼멘소리하지 않을까? 그것은 일부 사람들의 불평으로 그칠 문제가 아니다. 그 불평이 모이는 데 그리 큰 시간이 걸리지 않을 것이고, 그것은 곧바로 정치적 압력으로 나타날 것이다.

사태가 이런 식으로 발전하면 좋은 마음으로 나서 주었을 국회의원들은 뭐가 되나? 그 국회의원들이야 순진한 마음으로 역사 교육이 필요하다는 마음에 나서 준 것 아닌가? 정말 순진한 마음으로 역사 교육을 필수로 해달라고 운동한 사람도 마찬가지다. 그 사람들의 진심하고 상관없이, 현실적으로 역사과목 필수화가 이 분야 종사자들 사리사욕 채우는 방향을 가 버리면 어떻게 될까?

순진하게 나서 준 사람들 역시 공연히 특정 분야 종사자의 사리사욕을 채우려는 운동에 앞장 서 준 꼴이 되어 버리는 것 아닌가? 역사과목 필수화에 불만을 가진 사람들의 화살이 어디로 쏠리겠나? 역사학계에서 그 의원들을 비롯해서 순진하게 나선 사람들이 입을 피해를 책임져 줄 것인가?

될 일도 안 되게 만들면서 호의로 나서 준 사람들에게 피해나 주는 꼴이다. 이런 식으로 나가다가는 모처럼 찾아온 기회를 스스로 망가뜨릴 수도 있다. 그러니 사회에 요구하기 전에 자신들이 기여할 수 있는 방법부터 제대로 정비해 놓고 요구하는 것이 순서다. 이런 당연한 원칙까지 무시하고 밥그릇 싸움이나 벌이면서 국가 정책을 호도하는 짓. 이게 지성인이라는 사람들이 벌이고 있는 짓이다.

경쟁은 하드웨어로!

이와 같이 연구 성과라는 것은 아무리 엉터리로 재탕 삼탕으로 재생산을 해 낸다 하더라도 버티어 낼 수 있다. 여기서 여러 사람을 헷갈리게 만드는 또 다른 문제가 생긴다.

요즘 대학들은 치열한 생존경쟁을 겪고 있다고 한다. 이 말은 사실인 것 같다. 그런데 도대체 무엇을 가지고 경쟁할까? 대학 교육의 저변을 이루는 연구 성과는 이렇게 엉터리로 조작해도 그만이니, 질적 경쟁이란 애초부터 성립할 여지가 없다. 굳이 경쟁이 있다면 눈속임으로 업적을 조작해 놓고도 그 사실을 묻어 버릴 수 있는 힘을 갖기 위한 권력투쟁이 있을 뿐이다.

물론 이런 권력투쟁은 대부분의 학생들에게 별로 도움될 일이 없으니 대놓고 하는 경쟁이랄 것도 없다. 그렇다면 학생과 학부모의 대학 선택에 영향을 줄 공개적인 경쟁은 무엇으로 이루어질까? 해답은 쉽게 눈에 뜨인다.

최근 조금 행세하는 대학마다 기업이나 동문들에게 손을 벌려 상당히 많은 돈을 긁어모은다. 그 명분은 학교에 투자할 자금이 필요하다는 것이다. 실제로 많은 투자가 이루어지는 모양이다. 웬만한 대학들은 못 보던 건물들이 매년 들어선다.

의과대학이나 공과대학 같은 곳은 아무래도 시설과 장비가 내실과 직결되는 측면도 있다. 꼭 고급 인재 양성에 좋은 시설이 필요하지 않는 분야라도 시설이 좋아서 나쁠 것은 없다. 이 자체는 당연히 좋은 일이다.

하지만 이렇게 많은 투자가 이루어지니까 대학의 내실도 그만큼 다져진 것일까? 아무래도 아닌 것 같다. 대학 졸업생들의 수준이 높아져 고급 인재의 확보가 쉬워졌다는 말은 들어본 적이 없다. 그렇다면 그 많은 투자는 어떻게 된 것일까?

근본적인 원인은 시설이 좋다고 우수한 인재가 쏟아져 나오는 상황이 아니라는 데에 있다. 더 나아가 좋은 시설을 갖춘다고 들어가는 비용에 비해 가르치는 내용이 부실하면 학생들의 입장에서는 부담만 커지는 셈이다.

많은 투자가 이루어져도 교육의 질을 올리는 데에 그리 큰 도움을 주지 못하는 원인 중 하나는, 많은 부분이 이와 같이 '하드웨어' 부문에 제한되어 투입되기 때문이다. 너무나 당연한 논리인데도, 현실적으로 이런 문제에 크게 신경을 쓰는 경우는 많지 않은 것 같다. 이런 경향이 대학에 다니는 비용 부담을 증가시킨다.

당장 피해자 격인 학생들의 태도 역시 모순이 있다. 최근 대학에 들어간 필자의 아이만 하더라도 그렇다. 자기가 들어갈 대학들을 둘러보면서 챙겨 보았다는 내용이라야 학교의 시설과 최근에 매겨진 서열밖에 없었다. 대부분의 학생들이 이런 식으로 대학을 선택하고 있다고 한다.

자신의 장래에 필요한 내실을 챙기는 학생은 거의 본 적이 없다. 그 대학에는 어떤 교수가 있는지, 그 교수는 어떤 분야에서 어느 정도의 능력을 인정받고 있는지, 교수가 가지고 있는 지식을 자신의 장래에 어떻게 활용할지 원칙적으로 정말 챙겨 보아야 할 내용에 관심을 갖는 경우가 오히려 드문 것이다.

솔직하게 말하자면 30년 전의 필자 역시 그런 개념 없이 대학을 선택했다. 점수에 맞추어 '서울대학에 못 가니 그 다음 대학'이라는 식으로 말이다. 학생들의 선택이 이러니 대학 측이라고 내실에 투자할 필요를 느끼지 못하는 것이 당연하다.

수요가 없는데, 비용을 들여야 하는 쪽이 알아서 투자해 달라는 것은 무리다. 그렇지 않아도 '내실을 위한 투자'라는 것이 말처럼 쉽지가 않다. "도대체 뭐가 내실이냐?"라는 점부터 고민을 해야 하기 때문이다. 그러니 요구하지도 않는 것을 고민하고 실행에 옮겨 주기를 기대하는 것이 오히려 바보짓이다.

껍데기 경쟁을 부추기는 정부 당국

여기에 더하여 이런 경향을 부추기는 존재가 있다. 바로 정부다. 최근에 있었던 사례 하나를 보자. 다음은 관련 기사다.

25일 교육과학기술부(교과부)는 교육의 질이 떨어지고 학생들의 취업률이 낮은 대학 50여 곳을 선별해 다음 달 명단을 공개하기로 했다. 전국 345개 4년제 대학과 전문대학 등이 평가 대상이다.

교과부가 대학을 평가한 기준은 취업률(20%) 재학생 충원율(35%) 전임교원확보율(5%) 학사관리(5%) 등 대학 교육의 질을 가늠하는 4가지 지표와 저소득층 학생지원 실적(15%) 대출금 상환율을 비롯한 재정건전성(20%) 등이다.

언론을 떠들썩하게 장식했던 이 기사를 두고 단지 "기준에 대해 논란이 있을 수 있다"는 정도 이상의 문제점을 보지 못했다. 필자의 정보력이 보잘 것 없어, 심각하게 문제제기 한 내용을 모르고 있을 수도 있지만, 이후로도 별 문제 없이 넘어가는 상황을 보면 여론이 그 심각성을 인식하고 있지 못하다고 해도 지나친 말이 아닐 것이다.

이런 말을 늘어놓아야 할 만큼 정부의 기준은 심각한 후유증을 불러올 수 있다. 발표된 내용만 잘 들여다보아도 문제점은 그리 어렵지 않게 눈에 띈다. 기사의 내용대로라면, 쉽게 말해서 학생 취직 잘 시키고, 교수와 학생 많고, 돈 관리 잘하는 대학이 좋은 대학이라는 뜻이다.

이런 기준이 과연 '좋은 대학', '잘 돌아가는 대학'의 기준이 될 수 있을까? 하나하나 따져 보면 그렇게 되는 것 같지 않다.

우선 전임교원확보율(5%)부터 보자. 이 기준은 쉽게 말해서 전임교수를 많이 고용하면 운영을 잘하는 대학으로 쳐 주겠다는 말이다.

그런데 '전임교수=실력 있는 스승'이라는 논리가 성립하던가? 그런 것이 아니라는 이야기는 앞에서 실컷 한 것 같으니 반복은 피하기로 한다. 극단적으로는 실력 없는 교수라도 머릿수만 잔뜩 채워 놓으면 '좋은 대학'으로 평가해 주겠다는 이야기가 된다. 그래서 '전임교원확보율'이라는 것도 알고 보면 허수에 불과하다.

단순히 교수 숫자만 가지고 대학을 평가하는 기준으로 삼는 데에는, 일단 교수도 없이 학교를 운영하려는 얌체 대학이 있다는 점이 작용했다. 그래서 언론을 비롯한 사회 각 분야에서 교수를 많이 뽑으라고 바람을 잡아 준다. 우리나라뿐 아니라 중국에서도 박사학위가 남발된다며 지도교수를 면담조차 하지 못하고 박사학위논문을 쓰는 사실이 문제가 된다고 한다.

하지만 한 번만 뒤집어 생각해 보자. 그러면 교수가 학생 하나씩 지도하는 상황이 되면 교육의 질이 올라갈까? 정말 웃기는 논리다. 필자의 경험으로 대학 학부를 넘어 대학원 과정쯤 가면 교수는 도와주는 사람일 뿐 대신해 주는 사람이 될 수 없다는 사실은 기본으로 깨달아야 한다.

또한 여기에는 전제조건이 필요하다. 교수 전부가 모두 실력과 인격을 갖춘 인재들이라는 전제 말이다. 기득권을 지키기 위해 실력 떨어지는 후배들을 골라 뽑는 현실을 감안하면, 의미가 있는 전제 같지는 않다. 실력 떨어지는 교수 같으면 오히려 학생들의 공부에 방해가 되는 경우가 대부분이다.

특히 석·박사 과정에 진학해서 자신의 연구 능력을 키워야 하는 단계에서는 정말 뼈저리는 현실이 된다. 차라리 교수가 시간이라도 없어서 간섭을 안 하면, 알아서 하는 것으로 극복할 수 있다. 그런데 능력도 없는 교수가 내용조차 모르면서 시시콜콜 간섭을 해 대면 그야말로 죽을 맛이다. 질이 따라오지 않는 양은 오히려 독이 될 수 있다는 것이다.

사실 좋은 대학이라는 곳에서도 교수가 학생의 연구를 망쳐 놓는 경우가 상당히 많다. 상당수의 교수들은 학생이 훌륭한 연구 성과를 내도록 도와주는 역할을 하기보다, 자신 내지 자기 패거리의 세력 확보를 위한 연구를 시키는 경향이 있다. 그래서 '풀빵 찍기'라는 비아냥이 나온다. 이러한 현실에서 대학의 질을 따지는 기준으로 교수의 머리 숫자를 따지는 게 의미가 있는 것 같지는 않다.

말하나마나 이런 기준으로 시행되는 정부의 평가는 대학에 엄청난 타격을 줄 수 있다. 그렇지만 평가 기준 중, 진정한 내실을 의미하는

'소프트웨어'에 해당하는 것은 없다. 그렇다면 정부가 강요하는 경쟁의 의미도 쉽게 드러난다. 좋게 말하자면 '하드웨어' 경쟁이 될 것이고, 적나라하게 말하자면 '껍데기' 경쟁이 될 것이다.

정부 관계자들이 필자보다 머리가 나빠서 이런 부작용이 나타날 것이라는 사실을 짐작 못할 리는 없다. 그런데도 무엇 때문에 이런 기준을 고집하는 것일까? 또다시 반복해야 하나? 해답은 언제나 간단했다.

하드웨이 중심의 평가야말로, 좋게 말해서 바가지를 면할 수 있는 면피용 '객관성'을 확보하는 수단이며, 적나라하게 말하자면 교육에 대해서 기초도 모르는 사람들도 평가할 수 있는 편리한 기준인 것이다. 관료 조직의 성향으로는 이렇게 좋은 기준이 없다. 부작용이 있건 없건 그건 나중 문제일 테니까. 입만 잘 막으면 상당한 시간 동안 조용히 넘어갈 재료가 된다.

좋은 대학 되기 위한 해결책 – 돈

그러면 다른 기준은 의미가 있을까? 저소득층 학생 지원 실적과 대출금 상환율을 비롯한 재정건전성은 어떨까? 가난한 학생들에게 장학금을 많이 주고, 학교가 빚을 많이 지지 않으면 간단하게 채울 수 있는 숫자다.

대학 평가의 40%에 달하는 이 기준들을 쉽게 달성할 수 있는 수단은 하나다. 바로 돈이다. 전임교수를 채용하는 것, 장학금을 지급할 수 있는 비용, 빚을 지지 않고 학교를 돌릴 수 있는 능력 등이 모두 돈과 직결되고 있는 것이다. 즉 돈 많은 대학이 좋은 대학이라는 이야기다.

나머지 기준이라고 돈과 상관이 없을까? 단독 항목으로는 가장 비중이 높은 재학생 충원율(35%)만 해도 그렇다. 이 항목 역시 간단하게 말하자면 들어오려는 학생이 많아서 재학생 정원을 채우면 좋은 학교라는 뜻이다. 최근의 성향을 볼 때 장학금을 많이 주고, 시설 좋으면 학생을 채울 수 있다. 이 역시 돈이 있으면 쉽게 해결된다.

별 비중도 없고, 학교에서 어떻게든 두들겨 맞출 수 있는 학사관리(5%)를 빼면 외부의 냉정한 평가는 취업률(20%)뿐이다. 하지만 이는 비중도 작고 조작할 수 있는 방법까지도 이미 언론에 공개된 바 있다.

또 이 수치는 대학의 본질적 역할을 평가하는 기능도 없다. 단순히 취업하기 위해서 가는 곳이라면 전문학교나 취업 준비용 학원이 더 나을 테니까. 결국 이러한 기준도 대학의 질을 평가하는 적합한 기준이 될 수 없다.

그러면 어떤 결과가 나올까? 아주 간단하게 돈 많이 끌어들여 쌓아 놓은 대학이 좋은 대학이라는 평가를 받는다. 그렇게 되면 정부에서 각종 지원도 더 받을 수 있다. 그야말로 '부익부 빈익빈' 돈 있는 대학이 더 많은 돈을 끌어모으고 살아남는 대학이 되는 셈이다.

이런 기준이라면 대한민국에서 국립서울대학을 능가할 수 있는 대학은 절대 나올 수가 없다. 사립대학들이 제아무리 돈을 끌어모은다고 해도 국가에 손만 내밀면 그만인 서울대학을 따라잡을 수는 없을 테니까.

결국 평가를 한다고 법석이지만, 그게 누구를 위한 평가인지 뻔하다. 대학의 평가 자체도 '있는 대학'에 일방적으로 유리하게 되어 있는 것이다. 이런 문제가 제기되니 국립대학의 '법인화'라는 말이 나오기는 했지만, 실행된다 하더라도 지금까지의 행태로 보아 어떻게든 국가로부터 받아 낼 것은 다 받아 낼 확률이 높다.

또 이 문제는 최고의 대학이, 국민에게 거두어들인 혈세를 이용해서 특정 대학으로 정해진다는 차원에서 끝날 문제도 아니다. 그 아래 대학들 역시 조금이라도 서열을 높이기 위하여 돈 싸움을 해야 한다는 뜻이다. 이런 돈 싸움에서는 어느 정도만 자금을 모으면 된다는 선도 없다. 경쟁자보다 더 많은 자금을 끌어모아야 하기 때문이다.

이것만 해도 대학사회가 얼마나 모순된 짓을 하고 있는지 드러난다. 대학에서는 걸핏하면 대학을 "경제논리로 보지 말라"고 한다. 그러면서도 돌아서서는 돈 싸움에 승부를 거는 것이 대한민국 일류대학들의 행태인 것이다.

이러한 경쟁은 필연적으로 돈 끌어들이기 경쟁이 된다. 그나마 기업이나 동문들에게 끌어들이는 돈은, 나름대로 '있는 사람들에게 거두어 교육에 기여하는 부의 재분배' 기능이라도 있다. 그래도 거저 돈을 내놓는 경우도 많지 않으니, 어떻게든 대학이 대가를 치르는 셈이다.

그리고 이것만으로 돈의 갈증을 풀지 못하면, 그만큼은 궁극적으로 학생과 학부모에게 전가될 수밖에 없다. 그러니 학생들이 "왜 많은 돈을 쌓아 두고도 계속 등록금을 올리느냐?"라고 항의를 해도 별 소용이 없는 사태가 벌어진다. 대학 당국의 입장에서는 결국 돈을 쌓아 놓는 데에 생존을 건 승부를 벌여야 하기 때문이다. 대한민국의 심각한 문제인 '고비용 저효율' 사회 구축에 단단히 한몫을 하는 셈이다.

실제로 되건 말건

교육 현장에서 여러 가지 혼선이 빚어지는 이유로 관료조직의 성향도 빼놓을 수 없다. 사실 관료조직에 문제가 있다고 하는 점은 이미 잘 알려져 있다. 오죽했으면, "한국 바둑이 세계를 제패할 수 있었던 이유는 바둑을 관장하는 정부 부처가 없기 때문이다"라는 말까지 나왔다. 그래도 어느 정도인지 속사정을 깊이 아는 경우는 많지 않다.

속 모르는 사람들은 교육을 맡은 정부 부처가 교육에 관한 모든 문제를 완전히 파악하고 있는 전문가 집단인 줄 안다. 실제로 그런 역할을 분야가 없다는 뜻은 아니다. 그렇지만 실제로 현장 구석구석까지 파악하고 있는 경우가 많지 않다.

또 안다고 해도 골치 아픈 일에 말려들고 싶어 하지도 않는다. '잘

해 봐야 본전'이고 문제라도 생기면 모든 책임을 떠안는 일에 강철밥통을 안고 있는 관리들이 나서 주기를 기대하는 것 자체가 애초부터 무리다.

그래서 교육 문제로 아우성이 나올 때마다 관료들이 먼저 떠올리는 발상이 있다. 이른바 '면피'를 쉽게 할 수 있는 방안을 찾는 것이다. 그래서 이른바 '객관적인 기준'을 찾는다. 그러다 보면 그 객관적인 기준은 내실과 별 상관없는 내용으로 채워지기 십상이다.

그러한 사례로 앞에서 이야기한 기준들이 바로 여기에 해당된다. 교육관계 공무원들이 필자보다 머리가 나빠서 문제가 뻔히 보이는 기준을 마련한 것이 아니라, 문제를 알면서도 자신들의 생존을 위해서 이런 식의 기준을 밀어붙일 수밖에 없다는 이야기다.

그들로서는 그럴 수밖에 없다. 자신들의 강철밥통을 유지하기 위해서는 그에 걸맞은 명분이 필요하다. 즉 자신들이 대한민국 교육의 발전을 위하여 노력하고 있다는 티를 내야 하는 것이다. 그러니 자신들이 정한 기준이 현장에서 어떤 결과를 초래하느냐보다 얼마나 생색을 내면서 바가지를 쓰지 않을 수 있느냐에 맞추어지게 된다.

이렇게만 이야기하면 뜬구름 잡는 이야기에서 그칠 수 있으니, 이쯤에서 교육당국이 마련한 기준대로 하면 어떻게 해서 '교육의 질 향상'이라는 목적에 역행하게 되는지 간단한 사례 하나를 보자.

대학평가에서 5%밖에 인정받지 못하는 '학사관리' 중에서도 일부밖에 안 되는 '강의평가' 항목이 있다. 그렇지만 학교 입장에서는 이

것이라도 좋은 점수를 받아 보려고 은근히 강사들에게 신경 쓰게 한다. 그런데 이것이 강의의 질을 올리는 데 도움이 될까? 실제로 평가하는 방식을 보면 그렇게 될 것 같지 않다.

학생들에게 아무렇게나 평가하라고 하면 '객관적인 기준'이 될 수 없을 테니 몇 가지 문항을 정해서 점수를 매기게 하는 방식을 취한다. 너무나 당연한 것이나 복잡한 것까지 일일이 모두 다룰 수 없으니 큼직한 것 하나만 따져 보자.

평가항목 중 "강의계획서는 올렸나?", "진도는 계획서대로 진행되었나?"라는 것이 있었다. 대부분의 사람들에게는 시빗거리가 될 문제로 보이지 않을 것이다. 하지만 내막을 알고 보면 나름대로 심각한 문제가 될 수 있다.

우선 강의계획서부터 엉터리로 올려야 한다. 막상 당국이 요구하는 기준에 맞추어 강의를 하려다 보면 난감한 점이 생기는 경우가 있기 때문이다. '한국사 개설'이나 '문명과 역사'같이 큰 주제의 강좌가 특히 그렇게 된다. 원칙적으로만 따지면 '한국사 개설'이라는 과목은 시간적으로는 단군에서 대한민국까지, 분야로는 정치, 경제, 사회, 문화 등을 망라해서 가르쳐야 한다. '문명과 역사'는 전 세계 문명에 대해 시작부터 지금까지 같은 맥락에서 다루어 주어야 한다.

이제 문제가 무엇인지 드러날 것이다. 곧이곧대로 제목에 집착한 강의를 하면 어떤 사태가 벌어지는지. 일단 시간적인 제약부터 따져 보자. 조금 여유가 있는 3학점짜리가 1주일에 3시간 강의를 의미한다.

원론적으로는 한 학기에 16주를 강의하게 되어 있다. 그렇지만 여기서 중간·기말고사 보는 주는 **빠진다.** 여기에 한두 번은 국경일이나 행사 등으로 강의를 하지 못하는 경우가 생긴다.

그러면 많아야 11~12주 정도 강의를 하게 되는 것이 보통이다. 1주일에 3시간씩 12주라는 시간은 그 알량한 고등학교 국사 과목에 배정된 시간보다 많지 않다. 그러면 강의 제목에 들어맞는 강의를, 이 시간 안에 고등학교 국사보다 훨씬 나은 대학 수준의 내용으로 채워 나아갈 수 있을까?

현실적으로 불가능한 일이라는 점을 굳이 구구하게 설명할 필요가 없을 것이다. 그렇다고 강의계획서에 대놓고 "제목에 맞게 충실한 강의를 할 수 없으니 현실적인 진도표를 제시하겠다"라고 했다가는 눈총을 받기 십상이다. 그래서 안 되는 것을 뻔히 알면서도 눈치껏 고조선에서 대한민국까지 강의계획서를 맞추어 놓게 된다. 이게 바로 엉터리 강의계획서를 쓰게 되는 이유다.

이와 같은 사정에 대처해서 취할 수 있는 현실적인 선택은 두 가지 정도다. 첫째는 고등학교 국사보다 더 부실한 내용으로 진도를 나아가며 시간을 때우는 것이다. 이 경우에는 당국의 지침을 충실하게 따르는 셈이 되겠으나, 학생들에게는 못할 짓이다.

고등학교 때까지도 역사를 날림으로 배운 학생들에게, 그보다 더 부실한 강의를 하겠다는 말이나 다름없는 것이다. 대학 강의답게 제대로 강의를 하자면 "역사라는 것이 왜 필요한지 그래서 어떻게 해왔는지” 같은 기초적인 이야기를 하는 데만 한 달이 넘게 걸린다. 하지만 진도에 집착하다 보면 이런 말은 꺼낼 여유조차 없다.

첫 번째 방법이 싫다면 강의 제목을 무시하고 소신껏 해야 한다. 물론 이 경우에는 강의평가 몇 항목에서 손해 볼 각오가 기본이다. 기껏해야 학생들에게 하소연하는 것이 고작이다.

필자는 두 번째 방법을 좋아한다. 그래서 강의 첫 시간에 강의계획서라는 것이 얼마나 엉터리이며, 왜 그런 엉터리 강의계획서를 만들어 줄 수밖에 없었는지부터 설명해 준다. 덕분에 첫 시간이 이 작업을 하느라고 그냥 날아가게 된다.

그러고 나서 “계획서에 따라 부실한 강의를 하기는 싫으니 현실적으로 가능한 범위에서 강의를 진행한다”라고 선언한다. 마지막으로 한마디 덧붙인다. “강의계획서대로 진도를 나갔다는 항목에 대한 점수는 포기할 테니 학생들이 알아서 양심껏 평가해라.”

그나마 학생들이 이해해 준 덕분에 강의계획서를 싹 무시하는 강의를 하고도 강의평가가 하위권으로 나온 적은 없었다. 사실 생각이 있는 선생들이라면, 교육당국이 제시하는 기준을 곧이곧대로 지키면서 강의하지는 않을 것이다. 그래도 형식에 집착하는 당국의 정책은 많은 강사들에게 찜찜한 요소가 되고 있다.

이 말을 뒤집으면 뭐가 될까? 교육당국은 현실적으로 지킬 수도 없고, 지켜서도 안 되는 기준을 제시해 놓았다는 말이 된다. 이런 기준을 눈가림으로 채워 놓은 점수로 5%를 차지하는 ‘학사관리’ 항목의 점수를 매기고 있다는 의미도 있다. 사소한 사례이지만 교육당국의 형식적 기준이 '교육의 질적 향상'에 별 도움이 되지 않는다는 점을 보여 주는 근거가 될 것이다.

파렴치한 사탕발림

이와 같이 '조삼모사(朝三暮四)'식의 눈속임 정책에 피해를 보는 집단은 학생과 학부모 말고도 또 있다. 바로 대학 안의 시간강사들이다.

이미 대한민국 사회에서 시간강사의 처우에 문제가 있다는 점은 유명하다. 하지만 정말 문제가 되는 점이 무엇인지에 대해서는 아직도 갈피를 잡지 못하는 것 같다. 최근에 있었던 사태와 그에 대한 대책부터가 그렇다.

얼마 전 시간강사 한 사람이 교수 채용 비리와 연구 업적 가로채기에 실망해서 유서를 남기고 자살했다. 당국에서는 이에 대한 대책을 세운다고 법석이다. 그 대책이라는 것의 줄기는 시간강사의 '교원지위 회복'으로 잡혀가고 있는 것 같다.

내용을 쉽게 말하자면 이렇다. 지금 대학에서 시간강사의 지위는 '임시직 중에서도 가장 자르기 쉬운' 축에 속한다. 청소나 경비 같은 업무를 맡은 용역직원을 자르려면 하다못해 전화 한 통이라도 해 주어야 하지만 시간강사 자르는 데에는 그조차 필요가 없다. 그저 아무

것도 하지 않고 있으면 '자동적으로 잘리는' 것이다. 더구나 방학 중에는 수입이 한 푼도 없는 경우가 허다하다.

'교원지위회복'이란 이렇게 열악한 환경에 처해 있는 시간강사들의 지위를 개선해 주겠다는 이야기다. 즉 '임시직'도 안 되는 시간강사에게 정규직이라는 의미를 가진 '교원' 지위를 주면 쉽게 자르기도 어려워지고, 방학 중에도 월급을 주어야 한다. 법을 이렇게 만들어서 시간강사들의 열악한 처지를 개선해 주겠다는 것이다.

시간강사들을 대변한다는 협의회에서도 이 법안을 만들어 내자고, 국회 등 정치권에 촉구하는 모양이다. 일부 매스컴에서는 발 벗고 나서기도 했다. 사정이 이렇게 돌아가니 당연히 만들어야 할 법이고, 빨리 국회에서 통과시켜야 한다고 생각하기 쉽다.

그런데 이런 식의 대책이 파렴치한 사탕발림에 불과하다는 사실을 아는 사람은 별로 없는 것 같다. 무엇보다도 현실성이 없다. 조금만 생각해 보아도 그 점은 금방 드러난다. 만약 현재 시간강사 전원에게 교원 자격을 준다면 당장 난리가 나기 때문이다.

조금 규모가 있는 대학에서는 매년 수천억 원의 추가 비용이 생기는 것이다. 바람 잡은 방송사에서는 수조 원씩 적립금을 쌓으며 건물 짓느라 정신없는 대학에서 그까짓 비용이 무슨 문제가 되느냐고 몰고 있다. 물론 자기 돈 아니니까 할 수 있는 소리다. 매년 수천억 원씩 쓰면 몇 조 원의 적립금이라도 10년 정도에 바닥난다는 산수는 초등학생도 할 수 있다. 그 다음에는? 물론 자기 알 바 아닐 것이다.

그리고 몇 조 원의 적립금 운운하는 것도 사정 좋은 몇몇 대학의 이야기일 뿐이다. 정부에 손 벌리면 그만인 국·공립대학이나 든든한 기업의 후원을 받는 몇몇 사립대학을 제외하면, 대부분의 대학들이 적립금은 고사하고 하루하루 넘기기도 곤란한 형편이다. 그런 대학들이 못해도 수십억 원에서 수백억 원에 달하는 추가 비용을 댈 수 있을 턱이 없다.

결국 대부분의 대학에서는 늘어나게 된 비용을 등록금에 떠넘길 것이다. 그렇지 않아도 비싼 등록금이 더 오르게 되면 그 책임은 누가 질까? 시간강사의 '교원지위회복' 운운하는 자들에게는 시간강사 죽겠다는 소리만 들리고 대학생과 학부모 허리 휘어지는 소리는 안 들리나 보다.

이렇게 비용을 대학에 떠넘기고 관료조직은 생색만 내는 정책은 또 다른 부작용을 부른다. 이와 같이 정부 부처부터 껍데기에 불과한 내용을 가지고 대학을 관리·감독하기 때문에, 시간강사들은 대학 내부에서부터 희생될 수밖에 없는 집단이 되어 버리는 것이다.

누구를 위한 해결책인가?

자살한 대학강사에게 일부 대학들이 돈을 요구했다고 한다. 사실이라면 이 또한 파렴치한 매관매직이다. 그런데 아이러니컬한 점이 있다.

매관매직에 나서는 대학 상당수가 자금 딸리는 지방 사립대학이다.

그들이 교수 자리를 매관매직하는 핑계 중 하나가 '대학 운영자금'을 마련하겠다는 것이다. 정당한 명분은 아니지만, 그렇지 않아도 쪼들리는 학교더러 그냥 죽으랄 수 없어 눈감아 주는 분위기가 생기는 것도 사실이다. 상황에 따라서는 자금 부족한 학교에 돈 들어갈 일 잔뜩 만들어 떠넘겨 놓고, 돈을 마련하려고 벌이는 나쁜 짓만 욕하는 꼴이 될 수 있다.

이러한 현실을 감안하면 현재의 시간강사 전원을 기득권층에 속하는 전임교원급으로 올려 준다고 문제가 끝날 리가 없다. 얼마 되지도 않아 그 몇 배의 숫자가 교원이 되겠다고 몰려들 것이기 때문이다. 문제가 해결되는 것이 아니라 훨씬 더 커지게 된다.

이런 사정을 알고 나면 시간강사의 전원 구제란 애초부터 되지도 않을 발상이라는 점은 쉽게 알 수 있다. 그러면 왜 되지도 않을 처우개선을 해 준다고 나설까?

알고 보면 몇 년 전 시간강사의 처우개선을 해 준다고 법석을 떨 때에 이미 써먹은 수법이다. 그때도 열악한 시간강사들 배려해 준다고 강사료를 대폭 올렸다. 필자도 그 덕을 본 축에 든다. 몇 년 혜택을 보았을 뿐이지만, 그동안 투입되는 노동력에 비하여 황송할 정도의 강사료를 받았다.

하지만 이런 정도의 강사료를 주는 학교는 그다지 많지 않다. 필자에게도 단 한 곳뿐이었다. 지방대학은 말할 것도 없고, 서울 변두리 대학만 하더라도 그런 대학의 거의 60% 수준의 강사료에 머물고 있다. 결국 일부 여유 있는 대학에 나가는 사람만 혜택을 본 셈이다.

또 비싼 강사료를 받아 봤자 시간강사 문제가 해결되는 것도 아니다. 한 사례를 들어 보자. 전체 대학이 다 그런 것은 아니지만, 요즘 대학 중에는 강사료를 엄청나게 올려 준 학교가 많다. 1주일에 3시간 정도 강의하는 이른바 '3학점'짜리 강의로 한 달에 65만 원 가량의 강사료가 나온다.

필자는 투입되는 노동력에 비하여 많이 주는 학교에 대해서는 황송한 마음을 가지고 받았다. 그런데 이런 금액도 적다고 불평하는 강사들이 제법 있었다. 강의만 하고 끝나는 것이 아니라 시험에 리포트 관리까지 하면 부담이 많다나. 그래도 그렇지 아무리 잡무가 뒤따른다 해도 한 달에 12시간에서 15시간 노동하고 받는 금액치고는 제법 되는 셈이다. 그래도 만족을 못하는 이유는 따로 있다.

황송할 만큼의 강사료를 받는다고 해도 그런 강사료를 주는 학교일수록 한 사람에게 몰아주려 하지 않는다. 결국 혜택을 보는 한두 개의 강좌로는 어차피 생존비도 해결할 수 없는 셈이다. 진짜 본질적인 문제는 다른 곳에 있는 것이다.

일부 시간강사들에게 교원지위를 주자는 지금의 주장도 다를 것이 없다. 이 법안이 국회를 통과하면 어떤 사태가 벌어질지 뻔하다. 그 많은 시간강사들 중, 선택된 극히 일부가 전임강사급의 기득권층에 흡수될 것이다.

물론 그 숫자는 시간강사들 중에서 극소수에 불과하다. 그리고 거기에 들지 못한 대부분의 시간강사들은 또다시 실의와 좌절을 맛보고 그들 중 일부는 또다시 생을 포기할 것이다. 또 소수의 교원을 확보하기 위하여 그 몇 배쯤 되는 시간강사들은 그나마 나가던 강의조차 잘리게 된다.

결국 어떤 결과가 초래될까? 몇 안 되는 시간강사를 기득권층에 끌어들이면서 더 많은 시간강사들은 최소한의 생존 기반마저 빼앗기는 셈이다. 차라리 시간강사 구제대책이 아니라, 대규모 학살계획이라고 부르는 편이 나을 것이다.

솔직히 이런 구제책을 내게 된 발상이 의심스럽다. 일부만 구제해 주고 나머지를 도태시켜 버리면 더 이상 '떠들 놈'이 없어져 버릴 것이니 해결되는 것 아니냐는 뜻 같다. 그리고 거기서 발생할 비용은 학생, 학부모에게 그 부담을 떠넘겨 버리면 그만일 테고.

이런 일을 악착같이 벌이고 있는 이유도 쉽게 짐작이 간다. 시간강사들 중에서 누가 교원지위를 얻는 집단에 들어가게 될지 생각해 보면 뻔하니까. 이런 일에 앞장섰다는 공로로 목소리를 크게 낸 사람 일부가 구제될 것이다. 결국 자신을 기득권층으로 올려달라는 요구를 받아들여 준 꼴밖에 되지 않는다.

그리고 혜택을 받을 또 한 그룹이 있다. 바로 누구를 구제해 줄지 선택하는 집단이다. 그 집단이 누군지는 뻔하다. 그 선택은 지금 대학에서 기득권을 쥐고 있는 교수들이 하게 된다. 즉 교수들의 눈에 든 일부 시간강사가 교원의 지위를 얻게 되는 것이다.

전임교수 대부분이 어떤 식으로 선발되는지는 앞서 이미 보여드렸으니, 전임교수 머릿수 늘리기가 대한민국 사회에 별 도움이 되지 않을 것이라는 점을 다시 강조할 필요는 없을 것 같다. 결국 시간강사의 지위회복이란, 기득권자인 교수들에게 조금 더 많은 친위 세력을 만들 기회를 주자는 꼴밖에 못 될 것이다.

흡혈귀가 지배하는 세상
- 대학

6장

해결책은 엉뚱한 곳에

해먹는 놈 따로, 메우는 놈 따로

여기까지 오는 동안, 많은 사람들이 대한민국 교육에 대한 기대를 버리고 외국으로 가야만 했던 이유를 대충은 보여드린 것 같다. 그렇다고 절망만 하고 있자는 뜻은 아니다. 이제부터 나름대로 해결책을 찾아보자.

많은 사람들이 '해결책'이라고 하면 복잡하고 어려운 묘수를 떠올릴지 모른다. 망가지는 원인이 뭔가 복잡해 보이면 그럴 수 있다. 하지만 원인이 간단하면 해결책도 의외로 간단한 곳에서 찾을 수 있다.

원인을 따져 보자. 대학이 이렇게 부실한 데도 지금까지는 별 탈 없이 잘 굴러가고 있다. 어떻게 그 많은 문제를 안고 있는 대학이 그렇게 잘 돌아가고 있을까?

이 역시 알고 보면 비법이 있다. 하긴 비법이랄 것도 없다. 이미 유명해진 기득권자들의 고전적인 수법이니까. 자기들끼리 실컷 해먹고 문제가 생기면 힘없는 사람들이 메우도록 덮어씌우는 것이다.

가장 큰 피해자는 뭐니 뭐니 해도 학생과 학부모들이다. 대한민국 대학의 대부분은 학생들에게 거두는 등록금에 재정의 거의 절대적인 비중을 두고 있다. 국·공립대학들은 등록금 이외의 비중이 다소 높을 수 있으나, 이 역시 학부모인 납세자에게 거두어들인 자금이니 별다른 차이는 없다.

대한민국에서 살기 힘들다는 한탄이 나오는 원인 중 하나가 바로 이 등록금과 세금이다. "등골이 휘어진다"는 말이 나올 만큼 등록금은 해마다 엄청나게 오른다. 어쩔 수 없이 오르는 측면도 있겠으나, 상당 부분은 부실을 전가시키는 측면이 크다. 국립대학 같은 경우에는 "기업을 이따위로 운영했으면 벌써 망했을 것"이라는 말까지 나온 적이 있다.

사실 많은 사람들이 비싼 등록금을 내는 만큼 대학에서 얻을 것이 없다고 생각한다. 그럼에도 불구하고 교수는 특권을 누리고 있다.

지금까지 나온 정도의 이야기만 하더라도, 그 많은 투자와 노력이 들어감에도 불구하고 대한민국 교육, 특히 대학을 중심으로 한 교육이 엉망이 되어 가는 이유가 설명이 되었을 것 같다. 한마디로 말해서 특권에 가까운 혜택을 받고 있으면서도, 이를 대가 없이 지키려는 심보 때문이라고 할 수 있다.

이 사실을 알고 나면 진정한 해결책이 어디 있는지도 드러난다. 원인이 이렇게 간단하니 해결책도 쉽고 간단할 수 있다. 단지 지금까지 많은 사람들이 가리켜 온 방향과는 다른 방향이었을 뿐이다.

횡포를 부리게 되는 원인은, 무슨 짓을 하건 자신은 피해 받지 않을 힘에서 나온다. 일단 전임이 되면 표절·재탕, 연구비 횡령 같은 짓을 저질러도 처벌하기 힘든 곳이 교수사회다. 몇 년 전 성매매를 했다가 잘린 교수들을 보며 이런 말이 돌았다. 교수를 자를 수 있는 점을 보니 대한민국에서는 표절·재탕 연구비 횡령보다 성매매가 훨씬 심각한 범죄다.

여기서 어느 쪽이 더 심각한 범죄인지 따지자는 뜻은 아니다. 그러나 외부에서 수사하는 범죄는 처벌할 수 있지만, 내부에서 처리할 수밖에 없는 범죄는 처벌조차 못하는 것이 현실이다. 이런 정도의 횡포는 특권에 가까운 힘이 없으면 불가능하다.

잿밥을 없애자

이 점만 제대로 인식하면 해결책은 쉽다. 대학이 안고 있는 대부분의 문제는 전임교수에게 주어진 특권에서 나온다는 이야기가 된다. 그러니까 횡포를 부릴 수 있는 특권을 빼앗아 버리면 된다. 이런 특권만 없애 버려도 전부는 아니겠지만, 많은 문제가 해결될 것이다.

우선 교수 자리 팔아먹기라는 것이 생길 수가 없다. 교수 채용뿐 아니라 비리가 생기는 대부분의 곳에는 분에 넘치는 이권이 걸려 있다. 그런 것이 있으니까 비리가 생긴다는 이야기다. 이 말을 뒤집으면 무슨 뜻이 될까? 분에 넘치는 이권이 없으면 비리가 생길 일도 없다는 뜻이다.

따지고 보면 교수 자리가 얼마나 분에 넘치는 이권인지 알 수 있다. 요즘에는 많이 달라지고 있다고 하지만, 그래도 대한민국의 전임교수만큼 팔자 좋은 직업을 찾기도 힘들다.

남들은 '사오정 오륙도' 소리를 듣는 마당에 65세가 되어야 정년을 맞이한다. 이런 정년조차 연장시킬 수 있는 방법은 얼마든지 있다. 석좌교수니 뭐니 이름 붙이기만 하면 70세가 넘어서도 자리를 유지할 수 있는 것이다.

버티고만 있으면 연봉은 별다른 노력 없이도 알아서 오른다. 여기에 남의 목숨을 쥐고 흔들 특권도 있다. 자기 밑에 있는 학생은 말할 것도 없고, 심사라는 것을 내세워 다른 사람 인생까지 망쳐 버려도 뒤탈이 없다.

남의 연구 업적을 빼앗는 사태가 벌어지는 이유도 여기에 있다. 밉보이면 인생 망칠 수 있으니, 아무리 되지도 않는 요구를 해도 들어줄 수밖에 없는 것이다.

이런 특권을 가지고 있는 데 비해 지켜야 할 의무는 얼마나 될까? 재임용? 일부 밉보인 사람 이외에는 걱정할 필요가 거의 없다. 연구 업적 조작하는 방법은 수도 없이 많다.

그러니 교수가 인기 직업일 수밖에 없다. 사실 전임교수가 되었다고 하면 완전히 팔자 핀 인생이 된다. 매관매직을 할 수 있는 것도 바로 이런 특권이 있기 때문이다. 그래서 염불보다 잿밥에 관심이 있는 작자들이 교수 자리에 꼬이는 이유도 바로 여기에 있다.

자살한 강사가 1억이니 6,000만 원이니 하는 거액을 요구받았다고 하지만, 대학의 내막을 아는 사람들은 공정거래가(?)도 되지 않는 헐값을 가지고 그렇게까지 했느냐고 혀를 찬다. 사실 교수가 되고 나서 얻는 이익에 비하면 큰돈이 아니다.

그런데 무엇 때문에 이런 특권을 주어야 하나? 다른 나라에서 유학을 가려고 안달이 난 나라의 대학일수록, 교수들에게는 대단히 엄격한 성과를 요구한다. 미국에 있었던 어떤 교수가 "여기서 종신고용 보장 받으려면 제 명에 못 죽을 것 같아 포기했다"라고 하는 말을 들은 적이 있다.

이게 바로 해답이다. 교육이 제대로 서려면 특권이 있는 만큼 의무를 요구해야 한다. 이렇게 하기 때문에 선진국의 대학이 살아남고 발전하는 것이다. 그런데 우리나라 지식인이라는 자들은 의무에 대해서는 입에 올리기도 싫어하면서 혜택만 더 달라고 한다. 그것도 모자라 특권을 누리는 기득권층을 더 늘리라고 난리를 친다. 이런 파렴치한 여론에 휘둘리기 때문에 우리나라 대학과 교육이 제대로 설 수가 없는 것이다.

등록금도 낮추고 평균 처우도 올리고

알고 보면 교수가 인기 직업이어야 할 이유가 없다. 걸핏하면 교원 처우개선을 외치는 모양이지만, 여기서 교수는 빼놓아도 된다. 어떤 사람은 대우가 나빠지면 좋은 교수들이 자리를 떠날 것이라고 한다. 일부 분야에서는 그럴 수도 있다.

하지만 그런 분야 대부분은 지금 교수 처우보다 더 잘해 주는 데가 있기 때문에 말이 나올 수 있다. 그렇다면 지금보다 더 대우해 준다고 해도 유혹을 느끼지 않을 리가 없는 것이다. 이에 비해 대부분의 분야는 교수 자리보다 더 좋은 대우를 받을 수 있는 데가 거의 없다. 그러니까 지금보다 대우가 더 나빠져도 그만둘 리가 없다.

선진국에 시간강사 문제가 크지 않은 이유도 아주 간단하다. 교수가 인기 직업이 아니니, 염불보다 잿밥에 관심 있는 자들이 대한민국만큼 꼬일 리가 없는 것이다. 교수 채용 문제부터가 그렇다. 특권 없는 교수가 되겠다고 모든 굴욕을 감수하는 시간강사 생활을 수십 년씩 할 턱이 없으니 이 문제도 자연스럽게 해결된다.

그러면 평균적인 처우도 훨씬 개선해 줄 수 있다. 원로 교수 한 사람 연봉이면 초임 교수 3~4명을 고용할 수 있다고 한다. 하물며 시간강사는 전임의 25퍼센트 정도라는 보도가 나온 바 있다. 즉 지금의 체제는 일부 교수들에게 특권에 가까울 만큼 혜택을 몰아주고 있는 셈이다.

대학들이 절반이 넘는 강의를 무엇 때문에 시간강사에게 맡기는지부터 생각해 보자. 한마디로 말하자면 비용절감이다. 전임교수를 고용해서 강의를 맡기자면 돈이 너무 많이 드니까, 저렴한 시간강사를 쓴다는 이야기가 되겠다.

지금까지는 이 사실을 대학이 비용절감을 위하여 시간강사들에게 노동착취를 해 왔다는 식으로만 몰아갔다. 그런데 조금만 더 생각해 보자. 무엇 때문에 혜택만 누리고 의무는 제대로 하지 않는 전임교수를 비싼 연봉을 주면서 고용해야 하는지. 특히 나이가 들면서 학교와 학생들에 도움되는 일은 별로 하지 않으면서 사리사욕만 채우기 십상인 원로들을 거의 종신고용에 가깝게 써 주어야 하는지.

이들에게 들어가는 비싼 연봉을 줄여서 강사를 더 많이 쓰고도 처우개선을 해줄 수 있다는 이야기가 된다. 더불어 대학의 지출 상당 부분이 인건비인 점을 감안하면 등록금도 낮출 수 있다. 학생과 학부모는 물론이고, 대학강사의 절대 다수를 차지하는 시간강사들에게도 이로운 일이다.

결국 지금 같은 체제에서 덕을 보는 집단은 한 줌도 되지 않는 전임교수들뿐인 것이다. 대학의 내실을 기하는 데 별로 도움이 되지 않는 이들의 이익을 챙겨 주려고 절대 다수의 사람들이 고생해야 하는 체제인 셈이다. 이런 체제를 계속 유지해 주어야 할까? 이런 말 나오면 전임교수가 장악하고 있는 대학사회에서야 난리를 치겠지만, 기득권을 바탕으로 한 횡포를 막는 방법이 달리 있을지 모르겠다.

주면 줄수록 독이 되는 지원

어느 분야나 비슷한 성향을 보이기는 하지만, 핑계만 있으면 정부의 지원이 절실하다며 손을 내미는 성향이 특히 강한 것이 학계다. 돈을 벌어 운영하기가 쉽지 않은 분야이니, 일면 이해가 가지 않는 것은 아니다.

하지만 진짜 문제는 그 다음이다. 지원을 해 주면 그 이상의 효과를 볼 수 있어야 국민의 혈세를 내주는 보람이 생긴다는 점은 두말하면 잔소리다. 물론 투자 이상의 수익을 올리라는 식의 경제적 효과만 고집하자는 뜻은 아니다. 그래도 어떤 형태로든 성과를 얻지 못하면 투자를 날려 버리는 것과 마찬가지다.

이러한 맥락에서 학계에 대한 지원 역시 제 역할을 하고 있는지 따져볼 필요가 있다. 그런데 현장에서 돌아가는 꼴을 보면 다른 분야와는 차원이 다른 측면이 있다. 단순히 투자에 대하여 본전을 못 찾는다는 차원에서 그치지 않는 경우가 많기 때문이다.

좀 더 적나라하게 말하자면, 투자를 해 주면 해 줄수록 부작용만 키우는 꼴이 되고 있다. 앞서 부실한 연구 성과를 내놓고도 제재 받지 않는 현실에 대해 충분히 설명한 듯하다. 학술회의에 지원해 주는 자금이라고 제대로 쓰인다면 오히려 이상한 일이다. 학술지 등급제가 어떤 꼴이 되어 가고 있는지도 보여 드렸다. 그러니 본전을 찾지 못한다는 말은 쉽게 이해할 수 있을 것이다.

그렇다면 피 같은 국민의 세금을 쏟아부어 지원한 자금이 어떤 역할을 하는지 더 따져 볼 필요가 있을지 모르겠다. 국가·사회적인 차원에서는 별다른 성과도 얻지 못하면서 지원받은 쪽의 사리사욕이나 채워 주는 수단이 된다는 점은 기본이다.

그런데 이 차원에서 끝나는 것이 아니다. 어떤 사람은 혼자 먹지 않고 여럿이서 나누어 먹기만 해도 잘 하는 일인줄 안다. 그렇지만 누구와 나누는지 생각해 보면 그리 속없이 칭찬할 일은 아닌 것 같다.

학술회의 프로젝트 연구비를 나누어 먹는 양상부터가 기대를 민망하게 만든다. 통상적으로 보면 제자같이 자기 영향력 아래에 있는 사람이거나 친분 있는 사람끼리 나누어 먹는 것이 보통이다. 결국 자기 영향력을 키우는 정치자금밖에 안 되는 셈이다.

이래서는 안 된다고 뻔한 성토나 늘어놓자는 의도가 아니다. 아무리 떠들어 봤자, 들은 척도 하지 않을 것이니, 별 소용없을 것이라는 말을 되풀이할 필요도 없을 것이다. 나중에라도 책임을 물으려면 친한 자들끼리 부실한 성과를 낸 점을 따져야 한다. 하지만 현실적으로는 거의 불가능하다.

일단 심사 자체가 형식적으로 넘어가기 십상이다. 그냥 몇몇 사람이 불성실하게 심사한다는 이야기가 아니다. 구조적으로 냉정하게 심사하기가 곤란한 것이다. 무엇보다도 일껏 지원해 준 곳에서 부실한 성과를 냈다는 점이 공식적으로 밝혀져 기록에 남으면 이런 지원을 준 곳의 입장이 곤란하게 된다.

잘못하면 지원을 준 담당자들이 문책을 받을 수도 있다. 그러니 아무리 부실한 성과를 제출해도 눈감아 주고 싶어 하는 분위기가 조성될 수밖에 없다. 당연히 너무나 부실해서 도저히 눈감아 줄 상황이 아니거나, 특별히 다른 요소가 작용하지 않는 한 웬만한 부실은 넘어가 줄 수밖에 없게 된다.

이럴 땐 과격하고 간단한 방법 이외에는 통하지 않는다. 차라리 지원을 끊어 버리는 방법이다. 그렇게 하면 연구가 위축된다느니 어쩌고 하면서 난리를 치겠지만, 지원을 해 주어 봤자 쓰레기나 늘려 놓는 현실에서 연구 위축을 걱정할 필요가 없을 것이다.

오히려 쓰레기에 불과한 연구 성과를 줄일 수 있다. 지금도 쓸데없는 논문이 쏟아져 나오는 사태가 또 다른 형태의 '공해(公害)'라는 말이 공공연히 돈다. 이런 것을 줄이는 편이 환경보호에라도 도움이 될 것이다. 여기에 보너스도 기대할 수 있다. 쓰레기 연구 성과를 내놓고 그것을 알아보는 사람의 말을 막으려고 다른 사람의 입을 틀어막는 짓도 확실히 줄어들 테니까.

오죽하면 연구 분위기는 지원을 받지 못하는 분야가 차라리 낫다는 말도 나온다. 같은 역사학 분야에서도 현실적인 요구 때문에 지원이 제법 있는 한국사와 그렇지 못한 서양사 분야를 비교해 보아도 그렇다.

서양사 분야에서는 지원이 적은 현실을 안타까워한다. 그러면서도 연구발표를 할 때 한국사, 특히 고대사 분야에서 벌어지는 이야기를 들으면 이해가 가지 않는다고 한다. 자기들은 그렇게까지 험악한 분위기를 연출하지 않는다는 것이다. 아닌 게 아니라 전국역사학대회같이 공동으로 열리는 곳에 가보면 거짓말은 아닌 것 같다.

이렇게 되는 근원적인 이유가 역설적이게도 지원이 없기 때문이라는 분석에 크게 반대하는 사람은 없었다. 심각하게 걸려 있는 이권이 없기 때문에 다른 연구자들을 핍박할 필요가 그만큼 적어지는 것이다. 오히려 먹고살기도 어려운 판에 얼마 되지 않는 연구자들을 있는 사람들이 잘 보듬어 나아가야 판이 유지된다는 입장이다.

그럼 무슨 이야기가 될까? 지원을 많이 해 주면 해 줄수록 쓰레기만 늘어나는 차원이 아니라, 다른 사람들에 대한 핍박도 커진다는 뜻 된다. 이런 꼴이나 보자고 피 같은 국민 세금을 쏟아부어야 할 이유가 있느냐는 말이다.

자연과학 쪽에서도 언론 플레이에 능한 교수에게 천문학적 자금을 몰아주었다가 낭패를 본 일도 있다. 뒤늦게 그 자금은 가능성 있는 신진 연구인력에게 나누어 주었으면 어땠을까 하는 후회가 언론에 난적도 있었다. 그런데 누구에게 지원을 해 주어도 투자효과를 본다는 보장은 없다. 그렇다면 아예 지원 자체를 정리해 버리는 것도 한 방법이다.

모든 분야의 지원을 한꺼번에 끊어 버리기 곤란하다면, 극히 부실한 것부터라도 정리를 시작해야 한다. 특히 관료들의 손에 놀아나는 등급제와 관련된 지원 같은 것은 최우선 순위에 놓아도 좋을 것이다.

선택의 자유

이른바 '교육선진국'이라고 하는 나라들의 특징이 있다. 교육과정 중 어느 길을 택해도 나름대로의 인생을 살 수 있다는 점이다. 직업교육을 받아 기술자가 되건, 예능감을 개발해서 예술인이 되건, 출셋길을 찾는 분야로 가건 그저 선택일 뿐이다.

그렇기 때문에 여러 가지 형태의 교육이 가능하다. 얼마 전, 교육방송에서 영국의 서머힐(Summerhill) 고등학교에 대한 내용을 방영해 주었다. 아이를 학교에 맞추는 것이 아니라, 학교를 아이에 맞추겠다는 교육 이념을 가진 학교였다.

그래서 아이들이 하고 싶은 만큼만 공부를 시킨다. 그런데도 서머힐 학생들의 시험 성적은 다른 학교보다 우수했다고 한다. 이런 교육 이념으로 성공을 거두는 상황은, 보기만 해도 감동적일 수 있다.

그런데 대한민국에서도 이런 방식의 교육이 가능할까? 물어봐 놓고도 민망하다. 제정신 가지고 "그렇다"라고 대답할 사람이 얼마나 될지 궁금하다. 앞서 말했듯이, 대한민국 시험은 다음 과정을 공부하는 데 필요한 지식을 갖추고 있느냐는 테스트하는 것보다 낙오자를 만드는 데 초점을 두고 있다.

사실 교육 전문가를 자처하는 잘난 박사님들께서 지금 수능시험을 보면 몇 점이나 나올지 궁금하다. 이런 시험을 하고 싶을 때 하는 공부만으로 통과하기는 어렵다. 그래서 대한민국 같으면 이런 교육 이념 자체가 어림없는 발상이라고 생각하게 된다.

그만큼 선택의 여지가 별로 없는 시스템이다. 아닌 게 아니라, 대한민국 사회에서는 인문계 고등학교를 가지 않기만 해도 슬슬 낙오자 취급을 하려 한다. 필자도 중학교 시절 공부에는 별 흥미가 없고 기술 분야에 능력을 발휘하던 동생에게 '실업계 고등학교 진학' 이야기를 꺼냈다가 구박만 실컷 받았다. 같은 기술자가 되더라도 대학을 간 것과 가지 않고 기술자가 되는 것에 얼마나 큰 차이가 나는지 아느냐고.

요즘은 그때보다 많이 나아졌다고 하지만, 근본적으로 해소된 것은 아닌 듯하다. 대한민국 사회에서 이렇게까지 특정 코스에 집착하는 이유는 분명하다. 아무리 어떤 분야에 뛰어난 재능을 가지고 있다 하더라도 권력에서 먼 분야라면 그야말로 사상누각(砂上樓閣)이 되어 버릴 수 있기 때문이다. 권력을 쥔 자가 마음만 먹으면 그동안 쌓아 왔던 노력이 거품처럼 사라져 버릴 수 있으니까.

당장 대학에서 하는 짓부터가 그렇다. '동기 중에 가장 병신 같은 놈'을 골라 교수를 시켜 주는 풍조에서 최고의 전문가가 되기 위해 노력하는 것 자체가 헛수고다. 차라리 힘쓰는 자들의 눈에 들기 위해 애쓰는 것이 우선이 된다.

그나마 자기 능력으로 권력에 가까이 가는 길은 입시와 고시뿐이다. 여기에 매달리는 편이 낫다고 여기는 풍조가 생기는 것이 당연하다. 그래서 실질적으로는 별 의미도 없는 시험성적이 신분이고 권력이 되는 것이다. 이렇게 만들어 놓고 "행복은 성적순이 아니잖아요"라고 외쳐 봤자 많은 사람들에게 "그러니까 우리에게 성적 포기하게 만들어 놓고 그 틈에 네가 밟고 올라가겠다는 수작 아니냐?"라는 의심밖에 살 것이 없게 된다.

뒤집어 보면 선진국일수록 이런 기득권이 적다. 현대사회에서 권력과 가장 가까이 있다는 법관이 되더라도 자격증 따는 것만으로는 아무 보장이 없으니까. 이후 자신의 능력을 증명하지 못하면 '밥 굶는 변호사'로 남기 십상이다.

이에 비해 대한민국 사회는 법관의 숫자를 늘리겠다는 것만으로도 생난리가 난다. 능력이 있건 없건 법관 숫자가 묶여 있어야 자기들 밥 벌어먹기가 쉽다는 발상일 것이다. 이러한 분위기를 만드는 데에는 선택의 여지가 별로 없는 기득권 위주의 시스템이 중요한 역할을 하고 있는 셈이다.

전문가는 검투사로

흉측한 짓을 저지르고도 뒤탈 없는 사태가 일어나는 이유도 간단하다. 검증을 몇 안 되는 소수의 사람들이 독점하거나, 무책임한 비판에 노출되어서 그런 것이다. 완벽까지야 기대하기 어렵겠지만, 이런 사태를 조금 완화시킬 만한 방법은 있다.

전문가 집단이 지식과 정보가 부족한 비전문가들 등쳐 먹는 짓을 막는 방법도 원칙은 간단하다. 전문가들끼리 싸움을 붙여 버리면 된다. 사실 전문가로서의 체면과 장래를 걸고 피 튀기는 검증 과정을 통한 결과만 인정한다면 지금처럼 적당히 '지식사기'에 가까운 성과로 사회의 등쳐 먹는 짓은 확연하게 줄어들 것이다.

뒤집어 말하자면 지금 앞서 언급했던 부작용이 넘쳐나는 것은 바로 이렇게 피 튀기는 검증 과정이 없기 때문이라고 할 수 있다. 자신의 이름과 얼굴을 드러낸 상태에서 책임을 지게 하는 풍조만 되더라도 지금처럼 쉽게 사기를 치지는 못할 것이라는 뜻이 되겠다.

조금 다른 차원의 이야기지만, 타블로의 학력시비만 하더라도 그렇다. 한 방송사와 공권력이 나서자 그때까지 고집을 부리던 이른바 '타진요' 집단이 당당하던 태도를 바꾸어 사과했다. 그래도 끝까지 버티는 자들이 있기는 하지만, 확실히 힘은 잃었다.

물론 완벽하지는 않다. 권력자나 이에 준하는 집단이 원하지 않는 의견을 낸 사람에게 보복할 수 있다. 얼굴과 이름 드러낸 상태에서도 과감하게 헛소리를 하는 사람도 있다. 하지만 이는 일부 상황에 한정된다.

중대한 이익이 왔다 갔다 하는 문제만 아니면 굳이 권력자가 개입하지 않는다. 이른바 '안면몰수'하는 경우는 대개 사회의 '경로의식'을 믿으면서, 장래를 생각하지 않아도 되는 노인들이 많다. 자신의 이름과 얼굴에 장래를 걸어야 하는 젊은 층에서 그렇게 우악스럽게 나오는 일은 별로 보지 못했다.

즉 특별한 상황만 아니면 대부분의 경우 검증을 하는 데 효과적인 방법이 될 수 있다는 것이다. 필자가 겪은 파렴치한 수법만 하더라도, 책임지는 자리에서였다면 평생 얼굴을 들고 다니기 곤란한 것들이다. 그래서 심한 논쟁이 벌어질 때마다 서로 자신의 이름과 얼굴을 걸고 책임지는 자리에서 붙자는 말을 입버릇처럼 한다.

이런 대책에 대해서 누군가는 볼멘소리를 한다. "그렇게 하면 피곤해서 살겠느냐"라고. 그러면 전문가들 편하게 해 주자고 지금처럼 '지식사기'치는 짓을 방조해 주어야 하나? 사실 가만히 놓아두어도 자정작용(自淨作用)이 일어난다면 대책도 필요 없을 것이다. 뒤집어 말하자면 지금처럼 엉망이 되는 사태를 내부에서 수습하지 못하고 있으니, 밖에서 칼을 들이대야 할 상황이 된 것이다. 이 책임은 그동안 자정작용이 일어나지 못한 것을 방조한 구성원 전체가 져야 한다. 그러니 고통을 감수하라고 할 수밖에 없다.

연구 성과를 인정하는 기준도 시급하게 바꾸어야 한다. 쓸데없는 형식을 갖춘 것이 아니라 피곤한 과정을 거쳐 검증된 연구 성과를 인정하는 시스템을 마련해야 한다는 것이다.

이를 위하여 두 가지를 확실히 해야 한다. 하나는 상대를 마음대로 골라 짜고 치는 짓을 막아야 하고 다음으로는 검증을 피하고 도망가 버리는 짓을 못 하게 해야 한다. 이런 문제만 극복할 수 있으면 최소한 현재 상태보다는 나은 검증을 기대할 수 있을 것이다.

그러자면 지금처럼 한정된 오프라인 공간에서 대충 해 버리고 끝내는 짓을 검증이라고 쳐주어서는 안 된다. 밀실에서의 심사와 짜고 칠 토론자에게만 검증을 맡길 것이 아니라, 보다 제한이 적은 온라인 공간에 내용을 공개해야 한다. 이에 대한 평가도 두세 명의 심사위원이 아니라, 관련된 전문가 전체가 할 수 있도록 하자는 이야기다.

지금처럼 기득권을 가진 전임교수의 눈치를 보아야 하는 상황에서는 이조차도 별 의미가 없겠지만, 이런 기득권을 없애 버린 상태라면 대부분의 전문가들이 자기가 살기 위해서라도 엉터리 연구 성과로 업적 채우기를 용납하지 않을 것이다. 물론 무책임한 비판을 일삼는 자들이 만들어 내는 부작용을 막기 위하여 '실명제'는 필수다.

대부분의 사람들은 속칭 '악플'만 올라와도 영향을 받는다. 아무리 철면피라 하더라도 줄줄이 딸려 올라오는 비판을 무시하면서 버티어 내기는 곤란하다. 또 어차피 한정된 자리를 두고 경쟁하는 상황이 되면, 자기가 살기 위해서라도 말 같지도 않은 연구 성과로 양을 채우고 자리 차지하도록 전문가들끼리 서로 감싸 주고 엎어 주는 풍조가 유지되지는 않을 테니까.

이런 검증은 논문뿐 아니라 백과사전 항목, 주요 사료의 번역 등에도 적용해 보면 좋을 것 같다. 이런 방법을 취하면 지금처럼 특정 개인이나 집단의 의견이 아무 검증 과정 없이 전 국민에게 일방적으로 강요되는 상황은 극복할 수 있을 것이다.

차라리 개방을

이른바 '참여정부' 때 있었던 한미 FTA의 최대 실책은 바로 '교육시장 개방 문제'라는 우스갯소리가 돌았다. 원래 한국 측 협상단은 공교육에 미칠 영향에 대한 우려와 기득권 세력의 반발 때문에 교육 분야 개방에는 보수적인 태도로 일관했지만, 내심 이를 미국 측에 대한 양보카드로 준비하고 말 꺼내오기를 기다렸다. 하지만 미국 측에서 입도 뻥긋하지 않고 논의 대상에서 제외해 버리는 바람에 이 카드를 활용해서 다른 양보를 얻어 낼 기회를 놓쳤다.

이 이야기가 얼마나 정확한지는 확인하기 어렵다. 하지만 이런 말이 돌아야 할 만큼 심각했던 사실 몇 가지는 확인할 수 있다. 우선 미국이 대한민국 교육시장 개방에 그다지 큰 압력을 넣지 않았다는 점은 확실하다.

문제는 그렇게 한 배경이다. 사실 짐작하기 어렵지 않다. 한미 FTA에서 교육시장 개방이란 현실적으로 미국이 대한민국 교육시장에 이러저런 투자를 해서 수익을 거두는 구조가 된다. 대한민국 교육시장이 제법 크다는 점만 보면 미국이 꽤 짭짤한 이익을 얻을 수 있는 것처럼 생각될지 모른다.

그렇지만 이는 미국 측이 대한민국에 투자를 해야만 수익을 낼 수 있을 때 성립하는 이야기다. 굳이 투자를 하지 않아도 비슷한 수익을 올릴 수 있다면, 대한민국에 대한 투자는 공연한 낭비가 되는 셈이니까.

지금 현실은 미국의 투자를 기대할 만한 상황이 아니다. 더 이상 내려갈 곳이 없을 만큼 바닥을 쳐 버린 교육 현실에 절망한 대한민국의 많은 부모들이 그 대안을 외국 유학에서 찾고 있다. 미국도 돈 있는 대한민국 부모들이 달러를 싸들고 몰려가는 교육 선진국이라는 나라 중의 하나다. 가만히 앉아 있어도 돈 싸들고 찾아오는 상황에서 뭐하러 투자를 해 주나.

초강대국 미국의 정보력을 감안해 보면, 대한민국 교육이 자기 자식을 자기 나라에서 가르치고 싶지 않을 정도로 파탄이 났다는 사실을 모를 턱이 없다. 이민 가는 이유 대부분이 교육 때문이고, 해외 유학이 줄을 잇는 현실을 보면서도 그 나라 교육이 개판되어 버렸다는 사실을 알게 되는 데에는 군이 초강대국의 정보력까지도 필요 없을 것이다.

그럼에도 불구하고 대한민국의 기득권 세력은 반발했다. 대한민국 정부도 이 영향을 무시하지 못하고 협상 초기부터 교육 분야 개방에는 보수적인 태도를 유지했다.

'공교육에 미치는 영향에 대한 우려', '경쟁력이 약한 우리나라의 교육시장이 자칫 일거에 붕괴될 수 있다는 우려', '개방되지 않는 것으로 합의된 초중등 교육에도 많은 영향을 미쳐 미국 교육에 종속될 것이란 예측' 등을 명분으로 갖다 붙였다. 그런데 조금만 생각해 보면 좀 이상하다.

미국이 대한민국 교육시장에 투자한다고 해서, 대학 보내는 것 이외의 것을 생각하기 어려운 공교육에 무슨 우려할 만한 영향을 줄 수 있을까? 게다가 대한민국의 교육 시스템은 그렇지 않아도 미국에 유학가서 교육학을 배워 온 사람들이 주도해서 만들어 놓은 시스템이다. 개방한다고 더 이상 종속될 것이 남아 있을까? 아무리 생각해도 핑계 이상은 아닌 것 같다.

이 중 솔직한 명분은 "경쟁력이 약한 우리나라의 교육시장이 자칫 일거에 붕괴될 수 있다"는 우려인 것 같다. 적어도 대한민국 교육이 경쟁력 없다는 점은 인정한 셈이니까. 그런데 이것도 원칙을 따진다면 무슨 의미가 있을까? 경쟁력이 문제라면, 취약한 경쟁력을 갖추려는 노력을 해야 할 것이다.

해방 이후 반세기가 넘도록 외국이 대한민국 교육시장에 진출하는 것을 막아 놓았으면, 그동안 경쟁력을 갖출 기회는 충분히 준 셈이다. 그동안에는 뭘 했다는 것인가? 그렇게 해 놓고 이제 와서 강한 경쟁자가 생기는 것은 용납하지 못하겠단다.

솔직히 지금 대부분의 대학 운영을 보면 경쟁력을 갖출 의지나 있는지 의심스럽다. 경쟁력의 핵심인 교수요원의 채용부터 특정집단의 사리사욕 채우기 수단이며, 저질경쟁의 표본으로 전락한 상황에서 더 이상 경쟁력을 갖추기 위한 시간을 준다는 것이 의미가 있을까?

"미국 대학과의 학점 교류에 대한 규제가 폐지될 경우 경쟁력이 떨어지는 일부 대학은 문을 닫아야 한다"는 논리도 잘 되씹어 볼 필요가 있다. 여기서 '경쟁력이 떨어지는 일부 대학이 문 닫는 사태'를 걱정해야 할 시국일까?

솔직하게 말하자면 대한민국 대학 중에는 이 대학이 과연 교육을 위해 존재하는 것인지 의심스러운 곳이 많다. 사실 정부 당국이 나서서 없애 버려도 시원치 않은 곳도 꽤 될 것이다. 이런 대학을 '경쟁력이 떨어지는 대학'이라고 불러도 된다. 그런데 이런 대학이 질 높은 교육 서비스를 제공하는 데가 들어와서 자연스럽게 도태되는 사태가 대한민국 사회의 입장에서 '우려해야 하는' 사태인가?

결국 이런 우려가 누구를 위한 우려인지는 뻔하다. 자기들이 돼먹지 않게 운영해서 망쳐 놓은 곳을 경쟁자 없는 독점시장으로 만들어 유지시켜 달라는 이야기다. '도둑놈 심보'라고 하면 지나친 말일까? 이런 심보를 위하여 대한민국 학생들이 더 질 좋은 서비스를 나라 안에서 받을 수 있는 기회를 막아 버리란다. "선진국의 교육 시스템이 국내에 도입되면 국내 교육시장에 긴장을 불러오고 그 긴장은 결국 경쟁력 강화로 이어질 수 있다"는 점은 안중에도 없었다는 말이다.

그러면 어떤 결과가 되었다는 뜻일까? 미국 측에서 포기해 버리고 나서야 국내에서도 "경쟁력을 키우기 위해서는 우리 측이 먼저 개방했어야 하는 교육 서비스 분야. 정작 개방됐어야 할 부분은 놓치고 만 것이 아닌지 아쉬움이 남는다"라는 보도가 나올 정도였다. "개방이 되면 우리 소비자들에게는 적지 않은 혜택이 예상됐던 분야였다"느니, "미국이 협상 막판에 아예 논의 대상에서 제외해 다소 아쉬움을 남기고 있다"라는 말도 나왔다.

교육 분야가 개방되면 소비자들은 비용을 줄일 수 있을 뿐 아니라, 국내 교육시장도 경쟁을 통해 내실화를 기할 수 있다는 지적이었던 것이다. 사교육비와 유학비용 절감은 물론 국내 소비자의 선택 폭 확대까지 놓쳤다는 이야기도 나왔다.

이제 와서 이런 소리해 봐야 부질없는 짓일 것이다. 버스 떠난 다음에 손 흔드는 짓이라고나 할까. 사실 교육 문제만 생각한다면 상대국의 눈치나 양보 생각할 것 없이, 개방을 해야 할 것이다.

물론 일부 부작용도 예상할 수 있다. 하지만 어떤 부작용이 있더라도 지금보다 나빠질 것 같은가? 매년 수십조 원에 달하는 유학비용과 사교육비를 지불하는 소비자들이 더 이상의 희생을 치를 일이 뭐가 남아 있겠느냐는 말이다.

허황된 희망 심지 말자

교육 문제에 대하여 이런저런 문제를 지적하면서 이것만 해결되면 교육 천국이 생겨날 것처럼 떠드는 경우가 많다. 앞서 언급했던 시간강사 문제는 그 대표적인 사례이다. 전임교수를 많이 뽑으면 해결되는 것처럼 떠드는 짓 말이다.

되지도 않을 일에 무책임하게 만화 같은 시나리오를 그려 놓고 대책을 찾느라 애썼다고 우기는 것 같다. 하지만 이렇게 여론을 호도하는 짓 때문에 진짜 필요한 대안을 찾고 실행하기가 점점 어려워진다. 안 될 일이라는 점이 드러나면 자기들의 의도만은 순수했다고 가증스러운 변명까지 늘어놓는 경우도 많다.

그런 꼴을 지겹도록 본 필자가 여기에서까지 그렇게 허황된 꿈을 심을 생각은 없다. 사실 제대로 된 해결책일수록 대가 없는 해피엔딩을 제시하지 않는다. 현재의 문제에 대한 해결책이 나온다 하더라도 학생들은 여전히 괴로운 나날을 보내게 될 것이다.

그렇지만 대안도 없는 비판으로 끝내자는 것은 아니다. 현재 한국 사람들이 세계적으로 최정상을 차지하고 있는 분야가 제법 있다. 그런 분야들을 보면 제법 공정하게 관리되는 분야들이다. 한국 사람들처럼 독하게 노력하는 민족도 드물기 때문이라고 한다.

이러한 사실들이 주는 메시지는 분명하다. 노력한 만큼 대가를 받을 수 있는 분야에서는 대한민국이 충분한 경쟁력을 갖추고 있다는 뜻이다.

뼈를 깎는 노력이 제대로 보상받도록 해 줄 수 있으면, 학생 때 고생하는 현실을 굳이 원망만 할 필요도 없다. 또 그렇게만 될 수 있으면 훨씬 더 많은 분야에서 개인과 국가사회에 도움이 될 결실을 얻을 수 있다.

하지만 현재 교육 시스템에 대한 논쟁은 당사자들에게 별 의미도 없는 경쟁을 강요하는 체제를 그대로 끌고 나아가거나 반대로 경쟁을 없앤다는 명분을 내세워 더 불공정한 경쟁을 하게 만드는 방향 중 하나를 선택하라는 식인 것 같다. 어느 쪽이든 대한민국 사회에 도움이 될 일은 아니다.

제대로 된 해결책을 찾으려면 실제로 해결과는 상관없는 대책을 내놓고 허황된 희망을 심는 짓부터 하지 말아야 한다. 사실 교육 문제 해결의 원칙은 간단하다. 경쟁을 시켜도 당사자와 국가사회에 도움이 되는 방향으로 공정하게 시키는 것이다. 또 다양한 분야의 어떤 방향을 선택해도 하나의 인생을 살아 나아갈 수 있도록 해 주어야 교육 시스템이 제 기능을 하게 된다.

기본적인 원칙부터 제자리를 찾지 못하면 그 뒤의 해결책은 보나마나다. 그럼에도 불구하고 현실에서는 이런 당연한 원칙부터 무시되고 있다. 누가 왜 무시할까? 해결을 원하지 않는 집단의 손에 놀아나는 한, 이런 상황은 계속될 것이다.

맺으면서

　대학교육의 문제가 불거질 때마다, "이 문제는 대학 사회 내부에서 해결할 문제다"라는 말을 하는 사람들이 많다. 이것이 무슨 뜻일까? 속도 없이 이런 말을 진짜로 믿고 있는 사람도 많은 것 같다.

　그렇다면 조금만 더 생각해 보라고 권하고 싶다. 대학 사회 안에서 해결할 수 있는 문제라면 어떻게 반세기가 훨씬 넘는 시간이 흘렀는데도 나아지는 점이 별로 없느냐는 것이다. 심지어 이 책에서 제시한 근본적인 문제 몇 가지는 그동안 입에 담으려고 하지도 않았다. 사실 이 책에 나오는 내용 일부는 대부분의 독자들께 아주 생소할 수도 있을 것이다.

　필자가 무슨 천재나 되어 가지고 남들이 생각도 못 하는 문제를 짚어 낸 것이 아니라는 점은 말하나 마나다. 즉 교육 현장에서 기본적인 경험만 있더라도 뻔히 알 수 있을 만한 문제들을 전문가라는 사람들이 입에 올리려 하지 않았다는 이야기다.

　이것이 무엇을 의미하는지는 뻔하다. 대학사회 내부에서 문제를 해결하라는 말은 지금의 체제에서 힘들이지 않고 특권을 누리는 기득 권층에게, 알아서 자신들의 특권을 없애 버릴 개혁을 해달라는 말밖에 되지 않는다.

직업상 필자의 주변에는 교육계에 몸담고 있는 사람들이 많다. 그들과 대화를 나누어 보면 사정을 깨닫는 데 그다지 많은 시간이 걸리지 않는다. 대화를 나누면 나눌수록 상황에 대한 이해가 되기보다는 서로 좋지 않은 감정을 가지고 헤어지는 경우가 훨씬 많다.

그렇게까지 되는 이유는 간단하다. "왜 우리에게 손해가 될 이야기를 떠벌이고 다니느냐"는 것이다. 현재의 교육 기득권층에 대한 불만을 공유하는 사람들까지도 그렇다. 지금의 교육 기득권층을 비판하는 사람들 일부까지도 기득권 자체는 비판하지 말자는 사고방식에 젖어 있다. 교육계에 몸담고 있는 사람들 상당수가 기득권층에 일방적으로 유리하게 되어 있는 현재의 구조를 바꾸는 데에는 인색한 셈이다.

그러니까 그들의 입에서 나오는 개선책이라는 것도 뻔하다. 자신들의 입장에서 유리한 시스템을 만드는 것이거나, 시스템은 그대로 둔채, 현재의 기득권층을 끌어내리고 자신들이 그 자리를 차지하고 싶어 하는 의도가 다분하다. 적나라하게 말하자면 그들은 지금 대한민국 교육을 망치고 있는 기득권 자체를 없애 버리는 것이 목적이 아니라, 권력을 쥔 자들을 끌어내리고 자신이 그 자리를 차지하고 싶어서 비판할 뿐이다. 처음부터 '염불보다 잿밥'이었던 것이다.

그러니 그런 사람들이 제시하는 방법에 따라 아무리 제도를 바꾸어도 부작용이 더 클 수밖에 없다. 오히려 너무나 쉽고 부작용도 크지 않을 변화는 죽어도 일어나지 않는다. 교수에 대한 특권 보장 폐지 같은 정책 말이다.

그렇다고 피해자인 국민들이 각성해서 개선에 나선다고 보기도 어렵다. 학부모들까지 기득권자들의 태도에 전염된 경우도 있다. 교육 문제에 대한 평범한 학부모들의 요구 사항 중에서도 문제의 근본적인 해결보다 자기 자식에게 불리한 요소를 없애 달라는 내용이 많다.

그러고 보면 세상은 참 무서운 곳인 것 같다. 어렸을 적에는 흡혈귀나 좀비가 등장하는 공포 영화를 보면 밤에 잠을 제대로 이루지 못할 정도로 무서워했다. 어쩌면 요즘 들어 그런 공포를 없애 준 것이 현실이다.

눈만 뜨면 보이는 것이 바로 그런 존재들이다. 실제로 피를 빨거나 물어뜯지 않지만, 남의 등을 쳐 먹거나, 알지도 못하면서 아무한테나 달려들어 기득권자에게 불리한 말을 못하게 입을 막아 버리는 집단이 흡혈귀나 좀비와 다를 것은 없다.

바로 이런 존재들이 대학사회를 이끌어가고 있다. '흡혈귀가 지배하는 세상'이라는 말, 우연스럽게도 현실을 적나라하게 묘사하는 말이 된 것 같다. 사정을 잘 모르고 아이들에게 무조건 공부만 열심히 하라고 등을 떠밀다가는 자기도 모르게 흡혈귀 소굴로 밀어 넣는 결과가 될 수 있다. 하긴 흡혈귀가 되지 못해 안달인 사람투성이인 현실에서 이런 경고가 무슨 의미가 있을지 모르겠지만.

필자를 알고 있는 사람이라면, 그동안 역사 문제를 다루던 사람이 갑자기 교육 문제를 들고 나온 데 대해 이상하게 생각할지도 모른다. 많은 사람들이 교육 전문가도 아니면서 교육 문제를 다루는 일을 주제넘은 짓으로 몰아 버릴 것이다.

그럴 수밖에 없다. 지금까지 나온 이야기는 필자 자신을 비롯해서 많은 사람들에게 손해라면 손해가 될 내용들이다. 그것도 사소한 손해가 아니라, 속된 말로 '밥줄'이 왔다 갔다 할 수 있는 것들이다. 사실 여부에 상관없이 자신에게 손해가 될 내용을 흔쾌하게 인정하려는 사람은 많지 않다. 그러니 이 내용에 대해서는 별 소리가 다 나올 것이다. 교육 전문가도 아닌 주제에 쓸데없이 나섰다는 정도는 기본 메뉴에 불과하다.

그동안 해 왔던 많은 이야기들처럼, 이 책의 내용도 그대로 묻혀 버릴 가능성이 크다. 사실 여기 나올 이야기들은 그동안 교육에 대해서 조그마한 영향력이라도 가져온 사람들에게 달가운 내용이 아니다. 그러니 철저하게 묻어 버리고 싶을 것이고, 또 실제로 그렇게 할 것이다.

가장 간단한 수법 하나를 미리 예고해 보자. "교육계에 좋은 사람도 많은데, 일부 사례를 가지고 전체의 문제인 것처럼 대부분의 교육자를 매도하는 방향으로 몰아간다"는 말이 반드시 나올 것이다. 이런 예상을 하는 데 예언자적 자질 같은 것은 필요 없다. 지금까지 즐겨 써먹던 고전적인 수법에 불과하니까.

얼핏 듣기에는 그럴듯한 말이 왜 치졸한 변명밖에 되지 않는지도 미리 밝혀 둔다. 어느 분야나 좋은 사람도 있고 나쁜 놈도 있다는 거야 그냥 상식이니 더 말할 나위가 없다. 그렇지만 대표성을 누가 가지고 있느냐는 이런 평범한 원리와 별개의 문제다. 극단적으로 그 분야의 0.1%도 안 되는 인간 말종이라도, 하필 그런 자가 그 분야를 대표하는 자리에 앉아 있으면 결국 그 분야 그 조직의 성격을 보여 주게 된다. 국민의 99%가 반대해도 대통령 같은 통치자가 전쟁을 결정해 버리면, 결국 그 나라가 전쟁을 일으킨 꼴이 되는 것과 마찬가지다.

그러면 99의 '좋은 사람'은 결정적인 문제에 별 의미 없는 숫자가 불과하다. 그저 악당에 놀아나는 '침묵하는 다수'에 불과하니까. 그럼에도 불구하고 사리사욕을 채우기 위해 움직이는 자들이 제일 적극적으로 팔아먹는 존재가 바로 이 '침묵하는 다수'다. 물론 이런 논리에 적극적으로 동조하는 자들은 '침묵하는 다수'의 범주가 아니라 하수인 급이라고 해야 할 것이다.

많은 이야기를 했지만, 크게 나아지리라는 기대를 할 상황은 아닌 듯하다. 교육 문제에 대하여 그렇게 많은 사람들이 떠들어 댔음에도 불구하고 나아지지 않는 이유가 있다. 큰 기대를 걸지 않으면서도 굳이 이런 책을 써서 남기는 이유는 한 가지다. 우선 할 수 있는 일은 다 해 놓고 싶다. '배운 것이 도둑질'이라는 속담처럼 할 줄 아는 것이 글질밖에 없는 필자의 입장에서는 이렇게 사정을 알려 놓는 글을 남기는 것 이외에는 달리 할 수 있는 일도 없다.

이런 사실을 알면서도 굳이 이 책을 써야 할 이유가 있다. 비록 보잘 것 없는 시간강사 생활이었지만, 대학에 몸을 담아 전문 연구자의 길을 걸은 지도 20년이 되어 간다. 이 시간 동안 많은 일을 겪으면서 느낀 점이 있다.

지금 대한민국 교육이 안고 있는 문제점은 무슨 교육 이론 따위로 해결할 차원이 아니라는 것이다. 교육 현장에 있어 보면, 알 만한 사람은 다 안다. 대한민국 교육이 망가지고 있는 근본 원인을 알고 보면 너무나 유치할 정도로 간단한 데에 있다. 그 간단한 원인을 입에 담으려 하지 않다 보니 온갖 해괴한 이론과 대책을 알아듣기 어렵게 내놓게 될 뿐이다. 왜 그렇게밖에 할 수 없었는지 잘 생각해 보시기 바란다.

사실 글쟁이들에게는 원하는 사람들이 사정을 알 수 있도록 자기가 잘 알고 있는 문제들에 대한 기록을 남겨 놓는 것이 '권리이자 의무'에 속한다. 또 증오해 마지않는 흡혈귀를 없애려면 밝은 곳으로 끌어내는 방법밖에 없다. 그래서 혹시 아는가? 속사정을 알게 된 민초들이 들고 일어나 진정한 개혁이 이루어질지.